夜读春秋

庄传云 ◎ 著

安徽师范大学出版社
· 芜湖 ·

图书在版编目（CIP）数据

夜读春秋 / 庄传云著. — 芜湖：安徽师范大学出版社，2019.5
ISBN 978-7-5676-4070-2

Ⅰ.①夜… Ⅱ.①庄… Ⅲ.①文史—中国—文集 ②中学语文课—教学研究—文集
Ⅳ.①C52 ②G633.302-53

中国版本图书馆CIP数据核字(2019)第072705号

YE DU CHUNQIU

夜读春秋　　　　　庄传云◎著

责任编辑：房国贵
装帧设计：张　玲
出版发行：安徽师范大学出版社
　　　　　芜湖市九华南路189号安徽师范大学花津校区
网　　址：http://www.ahnupress.com/
发 行 部：0553-3883578　5910327　5910310(传真)
印　　刷：江苏凤凰数码印务有限公司
版　　次：2019年5月第1版
印　　次：2019年5月第1次印刷
规　　格：700 mm × 1000 mm　1/16
印　　张：14
字　　数：235千字
书　　号：ISBN 978-7-5676-4070-2
定　　价：49.00元

如发现印装质量问题，影响阅读，请与发行部联系调换。

源于真善

　　2015年北京师范大学芜湖附属学校建校，受北京师范大学平台遴选委派，我从冰城哈尔滨来到长江之滨芜湖担任学校首任校长。虽有时空转换，但我依然行走在追求教育梦想的路上。

　　教育是文化种源，而教育的根本依靠是教师，教师最为重要的是教人求真求善，有真善才有至美。所幸我有此机缘为芜湖的教育效一己之力，所幸在这里遇到许许多多求真求善的同路人。三年多来，北京师范大学芜湖附属学校办学品质渐渐提升，办江城人民满意的学校这个愿景正逐渐变成现实。我可以高兴地说，我们北京师范大学芜湖附属学校正因为拥有一支求真求善的教师队伍而大有希望。

　　在这支求真求善的教师队伍里，认识庄传云老师，有一个过程。记得学校建校伊始，我对新校有关宣传文字不甚满意，希望重新组稿。有些同志向我推荐了他，当时他正在外地，办公室与他取得联系，他立即应承下来，第二天上午我就看到他组好的稿子。本次组的稿子有高度，有深度，文字生动明了，表明了我心中所想，思中所向，颇感欣慰。当时记住了他叫庄传云。

　　到安排本校首届高一语文老师时，分管校长孙茂如向我推荐庄老师和引进的一位名师寇金良各带两班，显示教学校长对他们的了解和信心。开学后我在巡课时注意到一位年过半百、上课富有情感、声音洪亮的语文老师，等下课和他交流时才知道他就是庄传云。当时他让我联想到了曹操的两句诗"老当益壮""壮心未已"，后来越来越多的工作接触和任务分配，我相信了当初两句诗联想的直觉。两个班级的语文教学，语文教研组长，校园文化创建，校本教材编写，特色课程开设，还有后来担任校工会主席，三年来默默无闻的繁重劳动，个中多少辛苦，外人难以想象。这确实需要勇气，更需要吃苦耐劳的精神，应该说这位外表有些书生气的老兄是一个很有耐心和韧性的汉子。

　　这次庄老师准备将他三十多年中发表的文史小品、旅途随笔和教学感悟文章结集出版，这让我饶有兴趣。我兴致盎然地浏览了他的文字，一个热爱教育、胸怀世界的中学语文教师形象渐渐清晰起来。他从教至今仍热情不减,孜孜不倦工作在教学一线,虽已桃李满天下,但一直虚心好学,与时俱进。教学之余执着探索、深思慎取、笔耕不辍,对历史人物、人与自然、社会与法治、素质教育等都有广泛涉猎和深入思考,进而有自己独到而率直的讲述,而且有些文字勇于自我解剖,正视自身不足,实在可贵。对此我想到的是文如其人。

我不是文艺评论家,但我可以从中读出一个求真求善的灵魂。这部《夜读春秋》共分三辑:一是作者人生旅途亲身经历的诗意记录和哲思之间,也是作者热爱祖国和人民、热爱自然和生活的表白;二是从独特的视角对中学语文课本经典作家如孔子、庄子、孟子、屈原等重要人物,运用历史唯物辩证法,做出理据兼备的开拓性的讲述和延展;三是作者作为语文教师对母语教育教学做价值观和方法论的思考评述。

认真思考起来,我认为这部集子是作者基于对事业的尊重、对人生的思考、对生命的热爱和对自然的敬畏,以自己丰富的人生阅历,加上自己不断地钻研,表述的观点有理有据,能让大家从中可以一窥改革开放以来一位资深教育人的心路历程,还可以为教师的专业化、学者化道路提供可观照、可借鉴的生动范例。

正因为此,我旗帜鲜明地对本书表达自己的支持和赞赏。这本书的问世也将填补本校教师专著出版的空白,在此深表谢意。换句话说,像庄老师这样执着追求且有所创造的老师在北京师范大学芜湖附属学校还有很多,学校将为他们提供更多展示成果和才华的机会。

在求真求善的教育之路上,愿与庄老师,愿与所有求真求善的老师携起手来,阔步向前。

刘贵彦

二〇一九年一月

于北京师范大学芜湖附属学校

目　　录

第一辑　行旅杂感

夜读春秋

　　无论月白风清、星光灿烂,还是风雪交加、夜色如磐,夜在我的春来秋往中,很多方面都比白昼来得神秘,来得自由、超脱。

　　孩提时代,夜能让我暂时忘记饥饿和寒冷。毕竟夜色的包裹下,我可以瑟缩起身子,可以在黑暗里偶尔做成的梦乡中吃到有块红烧肉的大碗白米饭。真有这样的梦境那也是一件奢侈的事情,但整个少年时光里,那终是迟迟没有出现的期盼。

　　在这难得的期盼中渐渐长大,夜对我就更为重要了。白天是出去劳动的,是那种热火朝天,但难以分享收获的劳动。我也热爱劳动,就像我也喜欢热闹一样,但毕竟稚嫩单薄的身体更适合课堂和操场,就像春天更适合花开花放一样。

　　终于踏实回到了课堂,懵懵懂懂中我仿佛开启了夜以继日的生活模式。那时我的夜几乎忽略了结伴撒野的邀约,无心屋子前后无尽的荷塘月色,完全沉浸到苦读功课中。煤油灯点亮了我的希望,苏醒了我的欲求。冬天两腿冻成冰棍一般,好在进了被窝左腿还能知道右腿冰,右腿还能知道左腿冷。夏天还是有点办法的,用水桶从门口荷塘提起摇晃着月光的清水,双腿放水中盖上毛巾,既得清凉的抚摸,又避了蚊子的叮咬。蚊子不敢明目张胆地欺负我的上身,因为它的好多"同胞"被拍死了,不能不生点畏惧感。我的夜读可以深入下去,直到被瞌睡虫完全战胜,蚊子趁机报复使我痛醒才作罢。我就这样把夜发挥得淋漓尽致。

　　我的白昼和别人是等长的,或许是夜的垂爱,我成了我们那个几十户人家小村庄第一个跳出"农门"的读书人。断断续续做过几年较为纯粹的读书人,但还没有读明白多少,就被赶上了讲台,走上教书育人的道路。这条教学相长的路曾走得有点迷茫无助,我的夜读生活也曾离我远去。

　　但对我来说,不认真读书的夜终究不成夜的。我还是找回了夜读生活,许多时候夜读到了走火入魔境地。读经读传,读诗读文,读史读论,读中读外,读懂读不懂都饥饥荒荒地读,似懂非懂晕晕乎乎地读,仿佛有太多的疑问和好奇要用夜去化,要用读去解。

读到深处,有限的几个笔画通过形声等方法构成的无数方块字本身也让我痴痴着迷,每个汉字的音形义都在神奇地组词造句中发挥出无法想象的魔力,致使我读到"仓颉作书而天雨粟,鬼夜哭"时,总感觉这中间名堂很多,深不可测。后翻看高诱《淮南子注》和《说文解字》有关此句释义时,再联系老子"智慧出,有大伪"之语,似乎明白了文字承载太多历史的真伪、思想的纷争、情感的寄托、人生的悲喜。无论个体还是整体,都无法脱离文字的力量,多少人欲罢不能、欲说还休,在文字的世界里无处遁形。

这让我的夜读不能不生出一点异想天开来,我要读"无字书"。读过很多古今中外充斥着争夺杀戮、钻营盘剥、欺压愚弄、贪婪淫欲的有字之书,这使我产生了些许厌倦。

我当然无法回到"仓颉作书"之前那无字无书的时代,我着实不喜欢也无法过"穴居野处""茹毛饮血"生活,我只能立足我生存的时空,在哪里找寻到"无字书"呢?

久积愤悱之后,内心深处忽然生出依稀可见的空谷足音。那是一束似虹似风的流光,在我的心空迅速游动、快速旋转,很快渗透了我,裹挟着我瞬间穿过城市村庄、广袤原野、蜿蜒山川,飞过海洋,向无边无际的星空深处驰去,在无穷无尽、绚烂璀璨的太空星云和晦明万变、神秘莫测的能量物质中自由徜徉。

这时一个巨大的透明屏障阻挡了我们,有一个陌生却完全明白的声音对我说:"物质时空永无止境,生命形式千变万化,人欲善恶依归天理,自然就是'无字书'。归去归去,师法自然。"

"找到'无字书'了,我找到'无字书'了",兴奋得我手舞足蹈。"啪"的一声脆响,床头茶杯碎在地板上,我梦醒了。

梦醒了,知道人生坐标该在哪里。我明白过来了,"无字书"就是自然,在春秋的陪伴中夜读自然,师法自然。每读一次,心情敞亮一些。

1984-09-18

猫的故事

不知何时,我们那个地方猫少鼠多了起来。

这大约是生态平衡出问题了吧。猫成了稀罕物,于是鼠患猖獗。它们繁衍迅速,地头埂边,墙根破缝,梁上瓦下,几乎无处不见它们的老巢。它们活动不分白天黑夜,个个敏捷得像飞檐走壁的"侠客",更似勇敢机智的"地道战士",咬庄稼,啃家具,噬食物,甚至残害起鸡鸭来。人们不管是挖地三尺,还是灌水堵塞,总是无可奈何。

在我家,它们夜里几乎倾巢出动,米坛中、灶台边、桌凳上处处留下它们令人恶心的排泄物。山芋、苞米被啃得碎屑遍地,木头碗橱也被啃得不少地方留下窟窿眼儿,甚至白天它们也大摇大摆、耀武扬威地行动在我们的视线中。家人实在无奈,将能吃的放篮子里高高吊在屋梁上,可第二天取下来发现还是被它们糟蹋了。最可恨的是夜深人静时,它们却长时间地发出闹腾声,不知是撕咬声、争吵声还是欢庆声,吵得人累了一天想睡觉都不成。后来我们用铁的瓷的陶的等一切材质坚硬些的器物将珍贵的食物保护严实了,可恨的是它们竟然报复起来,衣服、被子、家具都被咬得满是破洞豁口儿来。

妈妈终于成功地从很远的城里亲戚家要来一只小花猫,全家像请来了保护神一般,还炸了好一通鞭炮。我和弟妹们都很稀罕它、宠爱它,都围着它转,大伙儿整个心思都放在小花猫身上了。我们大男孩轮流着或结着伴,天天去前面水沟后面荷塘,浑身泥水草屑地弄到鱼啊虾的,煮熟了端给它吃。但小花猫似乎很矜持,也似乎有点怕生,见人走近就往后缩,还小心着身旁啄食的大公鸡、大头鹅。大公鸡、大头鹅挺着胸脯,高昂着头,斜视小花猫,先入为主嘛!小花猫整天怯生生地,瞪着绿眼珠,小胡子耷拉着,蜷在桌腿边不敢动。

尽管如此,那几天老鼠还是收敛了不少,猫克老鼠嘛。过了一段时间,看我们尽心尽力地伺候它,小花猫跟我们混熟了一些,渐渐活泼了起来,桌凳上跳、顺杆儿爬,转悠打滚没个歇的;骄傲的大公鸡、大公鹅好几次被小花猫追得大叫狂奔,绅士的威风再不敢在小花猫面前摆了。

有时小花猫也走出屋外，家门口前前后后巡视着。只是有一次，小花猫趁我们不注意，不知跑到哪里，我们左邻右舍、村头村尾，惊慌失措地找了半天，它一下子就这么失踪了。就在我们懊丧不已、心灰意冷之际，小花猫仿佛从天而降，弄得我们喜出望外。但对待这个宝贝没有办法，还是稀罕它，弄到鱼啊虾的，大的拿街上换钱，小的全给了它，我们鱼汤都不舍得喝一口，确保它餐餐有鱼腥。当然捡了几天，批评了几句，也就原谅了它。

一回，有个小老鼠从墙根蹑了过来，小花猫老远看见，先是一声"哇呜"，继而后脚一曲，腾地扑过去。虽然老鼠没抓到，但大家看见了却不住地夸奖，并益发喜欢它，保障它的食物。

"猫见腥，日日新。"小花猫长大了，身壮毛亮，"哇呜"一声中透着一股威风和霸气。鼠族出现了极大的恐慌，深居简出，有末日来临之感。一日有个大老鼠，许是打探道路的，不知从哪个洞口钻出来的，轻轻微微，战战兢兢，两眼贼溜，胡子随着鼻翼的翕合屈伸个不停，沿着屋脚，走走探探。怎料花猫从坛盖上挟风带电，"哇呜"声未落，老鼠就被它两脚踏翻，大口张合之间，咬住鼠脖子颠颠甩甩，吞吞吐吐。老鼠瞬间就被衔在花猫的口中，没了挣扎的力气了。

花猫衔着猎物，在屋里屋外众人面前迈着轻快的步伐走来走去，是向鼠族示威，还是炫耀自己，就不得而知了。全家人都为花猫高兴，母亲逢人便夸自家的花猫如何如何了不起，如何如何卖力。花猫更是如有神助，接连几天捉到好几个老鼠。至此，再也没有老鼠敢出洞了，我家的鼠患似乎消除了。

不知何故，或许它孤单寂寞了吧，花猫经常往外跑，开始家里并不太在意，后来发现它竟然夜不归宿。如此"自由主义"泛滥，这还了得，更在于现在的猫稀罕得像个活宝，最易被偷。母亲狠狠数落了它一通，白天里用根不太长的绳子把花猫拴在桌腿上，夜晚关门睡觉时才放开它，再也不给它大的自由了。

真是喜从天降，老鼠做梦也没有想到，昨日功臣，一日成了阶下囚。一时间憋坏了的鼠们白天纷纷出洞，夜晚也在花猫活动范围之外为所欲为。它们先还是战战兢兢，继而就上蹿下跳、变本加厉了。花猫是拽不动桌腿的，只能嘶叫着。鼠们对曾让它们魂飞魄散的"哇呜"声已经是充耳不闻了，就像听惯了"人人喊打"，却仍然大摇大摆地"过街"一样，老鼠真是"洪福齐天"啊。

1985-10-20

"文学爱好者"正名

在这个时期，我们中文系不少同学心怀文学梦，追求一份属于独立自我的精神境界，倒也彰显了个性解放的鲜明特征。这些同学，实际可被称为"文学爱好者"，雨后春笋般涌现的景象甚喜甚嘉。

在这"形势一派大好"感染下，我也沾上了"文学爱好者"的不少神气，有"文学爱好者"的言传身教，倒不知不觉有点"诗人""作家"的念想，只是还不能像众多"文学爱好者"那样入神忘形、姿态毕肖，终究凡夫俗子一个。

这些"文学爱好者"有的爱上写诗，有的爱上了小说创作，当然也有喜欢散文、戏剧的，只是人数寥寥。他们或是举止有措、不苟言笑、冷峻寒峭，显得高深莫测；或是不修边幅、言行放纵、孤高傲物，大有魏晋名士的遗风；或是独来独往，飘忽不定，走的是神秘路线。

有的倒也"平易近人"，很平凡地经常出现在同学的视野，可是上专业基础课时则将其视为平庸琐屑的"小学"，上文学理论课一开始倒爱听什么"性格组合论""蒙太奇运用""解构主义"……可兴趣一过就热度退去，抱起了武侠小说读得个昏天黑地，而成果就是在寝室熄灯后的"黑话"里炫耀，或作为茶余饭后的吹牛谈资。

还有的"文学爱好者"，既非芝兰玉树，又无咏絮之才，却不近人事、目中无人、眼无凡尘，一种愤世嫉俗、超凡脱俗、傲气冲天的架势。偶尔还能让人一睹他们久视落霞黯然神伤之态，或让人听到突然出声的喟然长叹，身边人吃惊之余倒也感受些凡俗可近之欣慰，只是常态化之后也就习以为常了。

偶有某爱好者大作发表的，这确实得了莫大的鼓励，可他俨然已是"诗人""作家"了，"春风得意马蹄疾"了。投稿多次石沉大海，就耐不住性子，大有我千里马在此而伯乐不再有的牢骚，或责怪编辑有眼无珠，致使珍篇佳作沉沦湮没，从此则怨天尤人、愤世嫉俗了。

对此上种种不敢妄加评判，但熏染、钦慕中我似乎动了怪念，大概如入道行浅的修士总不能破俗，懵懵懂懂有些怀疑这些"文学爱好者"来，觉得很有给"文学爱好者"正名的必要。

近取两件琐事做个例证。某爱好者早晨起床很迟,自然是不会早锻炼了,经常各科上课研讨交流也不参加,院系上的文艺、体育、劳动等集体活动更不曾光顾。有一同学家境困难突患重病,学生会积极募捐,各同学纷纷解囊,唯独他则一避二躲三扯谎,谎称自己要亲自到医院看望去,可知情人透露他在扯谎。

还有一个曾在某某日报发表过"豆腐块"的某爱好者,大概算是什么家吧。一日正在街上行走,不知是正高瞻远瞩,还是脑中忽来灵感,正在构思之时,突然和一个有点笨手笨脚的农村老人相撞,老人的一篮子马铃薯滚落一地,而他只是嫌恶地说声"你怎么走路的"就扬长而去。

例子是否对题,还请原谅自己愚鲁,但看到此类"文学爱好者"这些小而真的事情确乎太多,实在不敢认同。"文学爱好者"追求文学到底出于梦想,出于兴趣爱好,还是出于使命担当姑且不论,只是"文学爱好者"怎能不活在现实,对火热生活富有感情,对自己严格要求呢?无论如何我是不敢做这样"文学爱好者"的。

因此,真正"文学爱好者"要做的是深爱生活、挚爱人民、诚爱集体,牢牢扎进现实生活的底层,要有修身立命的事业,要以平凡自我、平常之心真切感受生活的酸甜苦辣,从历史走向未来,以悲悯之心肠张扬真善美和抑制假恶丑。

如一味自居"文学爱好者",脱离现实对自我的要求,不能和人们一道去学习、去劳动、去体验、去担当,则终会徒生无聊,贻笑大方。

1986-11-26

并不深奥的理论
——看电影《焦裕禄》有感

"我们所干的工作,主要是看人民高兴不高兴。"

"我们的党是为人民服务的。人民高兴,党就高兴;人民不高兴,党怎么会高兴呢?"

"我不和你争,这是一个深奥的理论。"自认为理论水平高的吴县长拿出高姿态,结束了与焦裕禄的这场争论。

这是电影《焦裕禄》上的一段对话场景,相信看过这部影片的观众对此并不陌生,只不过有没有注意并思考这段对话,我就不清楚了。

然而这部电影却明白地告诉我们,这片中所争论的,其实并不是什么深奥的理论。

县委书记的好榜样——焦裕禄,他没有多少深奥的理论,他拥有的只是被讥为"送人情"的行动。大雪封门,除夕寒夜之时,钱粮和"人情"一起送到瞎大娘和病老伯那儿;老厂长浮肿虚弱,关切的问候送到面前;小王坚持不住,含痛归乡,他急急跑了几里路去送行;一线干部,饥饿磨身,是他冒风险送去补助粮;养牛老汉,重伤呻吟在床,是他冒雨送来慰问。

是的,焦书记是在"送人情",但他不是送给哪一个人的"人情",也不是送自己的"人情",他是把党和政府的情送给千千万万兰考人民!他所干的工作,就看人民高不高兴。人民高兴的就做,人民不高兴的绝对不行。取消特供,退回鲜鱼,这都是人民高兴的。然而让人民高兴之处仅是这些吗?不,人民由此而高兴我们的干部和政府,高兴我们的党。人民高兴了,焦书记受审查,群众举起马灯聚在政府门口,拥护他;人民高兴了,焦书记病重住院时,群众夹道相送,难舍难分;焦书记不幸病逝,群众把他的遗体葬在自己的土地上。

影片中的那个吴县长曾说:"让历史来评价吧!"那么我们就来看看历史吧!打土豪、分田地,不是让人民高兴吗?建立工农革命武装,建立抗日民族统一战线,英勇抗日,打败日寇,不是让中国人免遭奴役吗?推翻三座大山,建立新中国,让人民当家做主人,不是为了人民幸福吗?致力伟大的改革,不正是要看人民高兴不高兴吗？从诞生到壮大，从执政以来的历史经验就证明了这样的真理：我们党创造和维护的是广大人民的利益与幸福，所以人民拥护她，爱护她。在她面对许多困难之际，人民保护、支持她，理解、信任她。人民群众的眼睛是雪亮的，他们看清了国民党已经无法振兴民族，强我中华，英明选择了共产党作为自己的带头人，这是为什么？这个道理深奥吗？

　　电影《焦裕禄》上演，全国轰动，不正说明时代需要焦裕禄，人民呼唤焦裕禄，呼唤有更多焦裕禄式的好干部。焦裕禄"为人民而死，虽死犹荣"（毛泽东题词），我们的干部则应该"先天下之忧而忧，后天下之乐而乐"。同时，我们必须时刻牢记焦裕禄那句话："我们所干的工作，主要是看人民高兴不高兴。"否则党纪不容，国法难逃，这并不是深奥的理论。

1991-04-10

奥运良缘

人的一生总有几届奥运会让他刻骨铭心,不管他是奥运的直接参与者,还是一位积极的"旁观者",他的奥运情怀和奥运精神必然深深影响他的工作和生活。

他是一位奥运受益者,受益于奥运之火,受益于奥运之光,因为他有一段奥运良缘。

他对异性有一个特别的情感,也就是他特别喜欢爱运动的女孩,不管她是跑步、打球、跳绳,只要她运动起来,他就特别喜欢。他顽固地认为,爱运动的女孩不会差。

他很幸运,真的好梦成真。那时,他遇到了她,他们在一个学校同教语文,都爱看有关国际球赛的电视节目,都喜欢打球。他打篮球时,常看到她在球场边打羽毛球。他发现她跑动和扣球时颇为英姿飒爽,很让他想入非非。在不知不觉中他们终于一起打起球来了,想不到这位戴近视眼镜、模样儿非常清秀的小女孩竟是位体育健将,不仅羽毛球、乒乓球技艺让他刮目相看,就是"三步篮"也跑得比他标准,令他汗颜。

就这样,他们一有闲空就打起了"半边篮",常常一直打到"星星点灯"方才罢休。虽有同事戏言点拨他俩之间关系,他也好几次想向她表白,但还是勇气不足,怕表白不成,反而不能再经常"切磋技艺"了。

这样一直风平浪静,直到那个暑假,他俩才真正捅破那层窗户纸,热恋了起来,这要感谢那年奥运盛会了。

那是1984年洛杉矶奥运圣火点燃之后,假日夜晚的校园分外宁静。校园里住了一家同事,很难得地有一台彩电。他们俩常不约而同地到那同事家看奥运大战,经常看到深夜。他们的心情随着中国队比赛成绩的优劣,有时兴奋、有时低落。一天晚上,看到我国举重健儿又获得一枚金牌,那鲜艳的五星红旗在雄壮的国歌声中冉冉升起,他们俩都从椅子上高兴得跳了起来,手不知不觉地拍到一起,身体不知不觉地触到了一起。

看过电视后,他俩仍激动不已。静静的校园里,月光如水,微风清爽,夏虫轻吟。花圃旁,他们并肩而坐。此时,她有点沉默,他也不再高谈阔论。只听见草丛里一对虫儿有节奏地鸣叫,此起彼伏,似在应和着、倾诉着。许久,她问:"你知道我最讨厌什么样的人吗?"他哑然,不料她自己直接说:"我最讨厌孔乙己那样的人,从精神到肉体都很彻底的病态人。"

"你知道我最爱什么样人吗?"她盯着他又问。他心里直犯嘀咕,想答又不敢冒失。"你是不是装傻,这个爱学习、爱读书又特别喜爱体育的人还会是谁……"她轻轻地嗔怪说。

他们相爱了,爱在教学里,爱在球场上,爱在奥运里,爱得绵绵缠缠,爱得真诚火热。或许注定与奥运有缘,他们结合之时,恰逢汉城点燃了奥运之火。蜜月里,他俩哪里也没去,就在自己的小窝窝里,看奥运转播,夜以继日,废寝忘食。他们的蜜月,真是奥运蜜月。

又到巴塞罗那奥运会了,今年的暑假他们俩又能大饱眼福了,只不过电视机前已多了一个小观众,那就是他们的儿子。

这是我一个好朋友的故事。朋友说到这儿时,掩饰不住那种甜醉般的幸福感,这使我内心里也生发了微醺的幸福滋味。所谓"近朱者赤",在他们影响下,我能够一直保持着积极进取、不懈追求的心态,拥有着一颗年轻的心。

我很爱听他们的故事,也喜欢转述他们的故事,因为我必须感谢朋友给我的分享,感谢他们的奥运良缘。

1992-07-26

话别猪年谈"八戒"

1996年春节在即,肥头大耳、憨态可掬的老猪先生自然要"谦让"于活泼可爱、聪明敏捷的鼠女士了。人们自然又要显示一遍自己的聪明和睿智,夸耀一番自己的文采和才情,好歹给老猪先生做一点"年终总结"和"操行鉴定"。

老猪先生总是一副敦厚温和、憨态可掬的样子。在我寻思着如何同老猪先生话别时,自然想起一个名气很大的先生来,他就是出过国,取了"净坛使者"洋学历回来的猪八戒先生。想来八戒先生由天蓬元帅降尊纡贵转世成为人世间一个和尚,也算是能上能下,符合任免条例和精神吧。

唐长老收他为徒,起法名"悟能",却总称呼他为"八戒"。我稍微查了一下资料,了解到这"八戒"是指"不杀生,不偷盗,不淫欲,不妄语,不饮酒,不眠坐华丽之床,不装饰打扮及观听歌舞,不食非时食"。"八戒"前七为戒,后一为斋,全称为"八斋戒",是佛教为在家的男女教徒定制的八项戒律。唐长老对"孙猴子""大圣"总称"悟空",即使在他气愤"悟空"而念咒语的时候,但对老猪却不叫他"悟能",只叫他"八戒",这里面定有些讲究。

这"八戒"总体说来,当以佛法为本,私欲为戒,确实是一种"存天理,灭人欲"的非人之举了,但作为宗教信仰,笃信恪守,不碍雅事。只是八戒先生信仰不够坚定,常犯严重错误,一有挫折或劫难就马上想着回高老庄做女婿,一看见美女就迷了心窍,流起了哈喇子,急不可耐地上前动手动脚。可我们要用发展变化的眼光看待"八戒",后来在众人帮助和教训下,确也"戒"了许多,不然他怎么能挥舞着钉耙,一路杀魔除妖,历尽艰险而到得了西天呢? 可见"戒"的作用功不可没,"戒"出了正果。这也让我们明白了唐长老总称"悟能"为"八戒"的良苦用心了。

而今,告别猪年,老猪可以说再见,但万万不能告别这个"戒"字。

各位试想,改革开放,学习借鉴发达国家的先进科技文化,不也是"西天取经"吗? 在前进发展的道路上,不一样会遇见妖魔鬼怪吗,不一样充满艰难险阻吗,我们的同胞中不也有太多的人太多的毛病需要戒,戒到底吗?

　　当然"八戒"的"戒"和当今的公职人员,特别是领导干部的"戒"有许多不同,但也有很多方面相同,只是今天我们要戒的远多于"八戒"。"八戒"贪吃贪喝与今天公职人员的公款吃喝真的无法相提并论。"八戒"逃避责任、欺骗唐长老,常被火眼金睛的孙大圣识破而受到不少的嘲弄,如今有些地方鱼龙混杂,恐怕大圣遇到也眼花缭乱。"八戒"貌忠心鬼、妒忌谗言大圣,如今这样的人可并不少见,"莫须有"的花招有了太多的升级版。"八戒"只想回高老庄做女婿倒也情有可原,可见了妖精变的美女,立即就色迷心窍、不能自持了,这些毛病相比今天某些人物,简直就是小巫见大巫。

　　原情究理,种种恶果都因私欲泛滥、个人主义膨胀所致。试问被钉在历史耻辱柱上的人物有几个不是被私欲和个人主义的魔鬼引向罪恶深渊的呢?"八戒"先生虽说毛病不少,可也有不少长处,乐观随和、吃苦耐劳,更能知错就改,并逐渐克服了毛病成了大师兄的得力助手,为取得真经确实立下许多汗马功劳。从这个意义上说,我们应该真诚地向"八戒"先生学习。

　　"八戒"的进步和成绩固然离不开大师兄的教训和自己认识的提高,但从根本说来,我看还是严厉的佛法起关键作用,"戒"字真正落到实处。我们的同胞今天必须深明"戒"的重要和迫切,必须深明这个"戒",不是佛法,而是除了辅以批评教育和自我修身外的严明公正的国家法律法规这个大戒。

1995-02-18

外婆的拐杖

外婆不识字，没读过书。不知道当时是什么年代，却从那时一直顽强地活到今天，已整整走过一个世纪的艰辛路了。

外婆从一个童养媳，用一双尖尖的小脚走过妻子、母亲、祖母、曾祖母的崎岖历程。在太多岁月的泥泞中，外婆太多的辛酸往事像深浅杂乱的脚印，已经模糊不清了。只是那根已破裂的苦竹拐杖靠在床头，似乎还在诉说着她平凡人生的悠悠过往。

外公去世时乡镇正强势推行殡葬改革，不允许棺木土葬，但外公生前最大的愿望就是睡棺材板入土为安。外婆说服了有点胆小怕事的舅舅们，无论如何也要满足外公的愿望。外婆虽是一个小脚老太太，但这事上还真有点特事特办、雷厉风行的风格。为掩人耳目，不敲打锣鼓，不放鞭炮，不哭哭闹闹，事情办得果断迅速。

还记得出殡的那天晚上，天公作美，月儿明亮得就像一个白昼。外婆颠着她疼痛记忆依然清晰的小脚，走了十多里的小路和山坡一直陪送外公上了山。临下山时，四舅在外公的坟边砍了截苦竹让外婆拄着回了家。应该是从那日起，外婆便用上了拐杖，用上了这根形影不离的苦竹拐杖。

外婆的儿女虽都子孙满堂，日子却过得有些困窘。外公去世时外婆已七十多岁，她不仅坚决不要儿女补贴，还要照顾因为穷困只有短暂婚姻而孤身一人的三舅。三舅性子慢极了，做事摸摸索索，遇到愿意跟他拉话的又要耗个半天才回家。家里烧锅煮饭洗衣养鸡看鸭，外婆几乎全包了；家里的事做清了，外婆还到责任地里捡棉花。遇到变天，怕刮风下雨坏了棉花，外婆捡不及就将裂开的棉桃子摘下来，用围腰子兜着，扎个包裹，用她的拐杖吃力地挑回家里摊开，瞅着空儿就剥出棉花。身体微微有些佝偻的外婆忙里忙外时总没离开过那根苦竹拐杖。

母亲是外婆的老姑娘，父亲娶我母亲时，家还是安在外婆身边。我不知道是不是外婆不舍得老姑娘远走高飞，我也没想过、问过这个问题。父亲在几十里外的工厂上班，只有礼拜天才回家，家里家外大事小情全靠母亲，外婆自然就成了我们的保姆和启蒙老师。

我们住的房子是外婆家隔一间出来，又建了间披厦的，实际上和外婆在一个屋檐下。外婆最疼我们几个外孙了，煮熟的鸡蛋塞到我们手中，摊出的粑粑总先让我们尝，与老表吵架总是先护我们，出门喜欢带着我们。外婆教育我们最多的话就是"不吃馍馍蒸（争）口气"。

后来我和弟弟几个相继考上了学校，跳出了"农门"。我们也算是争气了，却与外婆越来越远了，见到外婆的机会也越来越少了，一般只在每年春节给外婆拜年或接外婆来家过年的时候见到，还有我们几个外孙结婚的时候都接外婆来，那时的外婆笑得可开心了。每当外婆开心的时候，我就想起我们从前在晚上或是下雨的时候都曾搀扶过外婆，做过外婆的拐杖。外婆在那个时候就喜欢说："我乖乖伢子像雀子，长大就要飞走，奶奶能否享到你们福呀。"

外婆越来越老了，更离不开那根苦竹拐杖；那根苦竹拐杖也老了，开始破裂了。一次我去黄山旅游，给外婆买了一根紫红漆镌福寿字的龙头拐杖。后来听说外婆挂着龙头拐杖乐滋滋地从村头到村尾，走路可带劲了，可没几天龙头拐杖被挂在床头，她依然还是挂着那根已破裂的苦竹拐杖。

去年外婆百岁大寿时，我没能回去。母亲说外婆还常念叨我，叫我们在外面争气。这时的外婆还能在家里烧锅做饭，帮三舅做着家务，但已经很少出门了。那根福寿龙头拐杖依然挂在床头，那根苦竹拐杖还放在床边，下床做事时还用它拄拄。

我和母亲曾接外婆到街上住过，没几天她就急着回去，怎么劝她都不行。她依然和三舅过着那贫困的生活，依然用那根苦竹拐杖支撑着走向她生命的终点，用她尖尖的小脚顽强地走完她的一生。

1996-02-19

酒为人险

请客吃饭不能说是咱们中国的特有现象,但它在中国人际文化和饮食文化中所占的地位应该是特别重要的。论规模、层次、频率、大方和排场怕是首屈一指,论情结、意识和用心可谓至深至极。

"食不厌精"成了某些中国人饮食的座右铭,于是在很多场合就有了山珍海味的争奇斗艳,就有了满汉全席的铺张奢华,还有了豪门宴、黄金宴的骇人听闻。即使它缺乏最可宝贵的勤俭节约意识,甚至骇走了一些外国投资人,也不能否认它历史的"国粹地位"和现实的"灿烂辉煌"。

然而造成请客吃饭如此"灿烂辉煌"的根本原因究竟是什么呢?我想很大程度上怕是受复杂的人际关系左右吧。

人际关系在咱们中国社会地位尤显特别。请客吃饭正是建立和巩固人际关系的最有效方法,是"培养感情"和"升温友谊"的争相效仿的手段。每个人都可在自己的人际环境中充分感受到请客吃饭的奇妙作用。从目睹耳闻请客吃饭的妙处而羡慕不已,到怯生生、羞答答的尝试,再到熟练掌握请客吃饭的技巧,这修炼的时间不需要多长就能修成正果,并且许多人不用投师学艺就可无师自通。

咱们中国人特别注重人际关系,不管主观意志如何,客观上每个人都无法挣脱复杂的人际关系。人们形象地称之为"关系网",其网或疏或密,或隐或显,或柔或刚,但都黏而不漏。

攀亲联宗、叙旧带故、认同学老乡,或是人人拿手好戏。对人际关系的建立和巩固,人们往往作过多的物质和精神投入。恰恰相反,法令制度的尊崇、坚守上似乎是先天不足、后天不良,集体意识的构建和凝聚上多是自上而下的组织推行和权威发动,相对缺乏坚强的个体意识及自觉、自主的优良行为。

生活中许多现象乍看起来叫人困惑,其实是人际关系发生蜕变、变质之故。本来简单的问题被人为地弄得复杂化,本来可以通过法律、制度、政策及时解决的事情,却莫名其妙地久拖不决。很多事情应该通过组织、集体根据法律制度去解决，但人们自然地想到找人，习惯性地借私人关系，凭私人感情和面子去"私了"。"熟人好办事"成了人们的处世信条，靠什么熟，办私还是办公，不言自明，因此人们不得不为关系奔波，为关系活着，活得越来越复杂，越来越麻烦，越来越难，越来越累，乃至患上了一种人际关系综合征。

这种综合征体现在请客吃饭上尤为突出。酒宴上觥筹交错间，酒酣耳热后，人际关系以惊人的速度热乎起来，毫无血缘姻缘的绕一绕就变成了亲戚，从来没有进过同一个学堂的忽然成为同学，没在一个兵营相处过很容易成了战友。为了这种人际关系是"宁伤身体，不伤感情"，此后有称兄道弟的，有拍肩膀、拍胸脯的，有甜言蜜语、豪言壮语的，跟着后续的活动安排，外人常常就不得而知了，但可以知道的是许多事以非常漂亮的理由、非常高效的程序办了。

明末学者顾亭林曾尖锐指出饮而无度的危害："水为地险，酒为人险"，"酒之祸烈于火"。如今的"险"和"祸"岂止烈于火。纾解、诊治请客吃饭问题，严控公款酒宴迫在眉睫。当然光靠发文件不行，刹住吃喝风必须依法治理，同时要对症下药，针对酒宴中这种人际关系综合征，必须切实加强集体主义教育、全民素质教育和法制教育，建立科学文明的人际关系，由此美酒佳肴就不再为"人险"了。

1996-08-03

蛟头矶之夜

我有一个知己，我俩先后毕业于一个师范，又先后来到同一所中学工作。后来他考研进了名校，现已是该校教授。而我一直无怨无悔地坚持在中学教学一线。现在虽然联系不多，但一说到过去，都不由自主地说起蛟头矶之夜。

蛟头矶离我们中学约五千米，那是一个比较偏僻、险恶的地方。曾经是一个军事重地的油库码头，年久废弃不用，围墙营房多因失修坍圮，日久野草丛生，蛇狐出没；又曾是几起命案的现场，更让人们看作凶地、视为畏途。做家长的没少吓唬自己的孩子，哪里都能玩，蛟头矶不能去。

但这倒成了我们常常光顾的宝地。

因为蛟头矶的突出地方是一块探入滔滔大江的巨石，由于形状酷似蛟龙之头，当地人称之为蛟头矶。千万年的风吹浪打，蛟头矶光滑如镜，冰清玉洁。

无论什么季节都吸引着我们盘桓不去，特别的景光是从某个秋天的傍晚开始。站在蛟头矶远远西望，夕阳映衬着一个披蓑戴笠的渔人独坐江畔钓着满江的彩鳞。满江彩鳞上，时有几艘轮船拖着彩浪涌出洪波；红彩渐暗、渐黑，一时又成了灰白的。没过多久，月亮从身后升起，渐高、渐亮，灰白的山影水影一下子清晰起来，有轮有廓，有形有态了；可不一会，近处雾气慢慢蒸腾，弥漫开去，远望白露横江，已不知天水之际在什么方向、什么地方。只是如洗的夜里，一轮皎月饶有兴趣地徘徊在牛斗星空，分明了一个璀璨的皓月晴空。

这时候，蛟头矶四周被如纱如梦的银光环抱着、缠绵着，那美的感觉就仿佛头上的明月只垂顾着、青睐着我们两个。只是那拍岸的涛声轻唤着你，偶尔掠过头顶的孤鹜的"嘎嘎"声提醒着你，更有慢悠悠像梦中呓语般的汽笛声在告诉你，再美的航程终究不能停泊，远方才是彼岸。毕竟蛟头矶只是造化馈赠的一块裸心台，而不是必须直面的生活现实。

我记忆特别清晰的一个夜晚，是知己对我的那个劝慰，让我走出与校长冲突后的阴霾，而且那次劝慰使我后来的生活阳光了许多。直到今天，我对他还心怀感激，久存心底。

那夜蛟头矶，没有星星，没有月亮，只有无影无踪的风和苍茫的江水轻轻拍击的涛声。我们坐到了一起，没有惊讶，没有寒暄，只有他轻轻拍拍我的肩膀。

"跟你说说我们的恩师云升吧!"他轻轻地吁了口气。

云升老师生长在大上海一个高级知识分子家庭。父母都是当时全国知名的医学教授，一直勤勤恳恳、兢兢业业，时时处处听党的话，可1957年两人还是未能幸免，被划为"右派"，后又被关进某农场。家庭突遭"大难"，对云升兄妹的打击一般人难以想象。云升老师毕业于上海一个著名学府法律专业，完全依靠自己的品学兼优而留校任教，可是就在第二年，"文革"爆发了，铺天盖地的大字报贴到他的父母的单位，贴到他的办公室，更是贴到他的家里。家里墙上的字画、条幅全被扯下来贴上了大字报，甚至大衣柜上也贴上了大字报，父母的名字都打上了黑叉叉。保过他父母的某位市领导被打成"走资派"，成了"反革命分子"之一。"造反派"和调查组无数次责令他父亲揭发市领导，可每次他父亲只一句话："我不能污人清白。""造反派"恼羞成怒，把他父亲诬陷为"资产阶级反动学术权威""死不改悔的反革命走狗"，疯狂地批斗、殴打、折磨，就在父亲已经奄奄一息时，仍然不送到医院救治。一个挽救无数人生命，消除无数人病痛的医学教授最后却无法挽救自己。非常凄惨的是云升父亲撒手人寰时，身边没有一个亲人和朋友，母亲不知被关在什么地方，三个孩子被要求彻底划清界限，都不知遣送、下放到什么地方了。

云升老师就是这个时候从留校任教的著名学府被下放到了我们县农村接受贫下中农再教育。

家庭和个人的命运被那个时代糟践得如泥土一般，承受着灵魂与肉体、血与火、地狱与炼狱无尽的双重考验，内心的孤独、痛苦甚至绝望像冰冷的毒蛇一点点地吞噬着他，但农村的乡亲救了他，这里的山水救了他，为孩子上课给了他存在的价值。

母亲"平反"恢复工作后，姐姐、哥哥恢复工作后，无数次要求他回上海，特别是他的母亲为他回上海做了很多工作，流了多少老泪。可云升老师只说了这么句话：在上海也许现在还不需要我所学的法律知识，但这里真真正正需要我。他离不开我们这儿了。

后来你知道的，云升老师把生命献给了这里。

"回去吧，明天还有课!"我记得那夜他说了这句话就站起来，轻轻拍了拍我,往回走,我微微点点头,也跟着往回走,心里疙瘩不见了。

夜风中,只留下蛟头矶陪伴江水的轻唱低吟。

1996-11-22

多梦的乡恋

人生充满着偶然和机缘，工作也罢，爱情、婚姻也罢，大抵都是这样。

家乡是江南的一块小平原，是浩浩大江的新生儿。那鳖壳、鸭棚、团套、焦湾等一个个水光潋滟的地方，迁到这儿生活的多不过几代人。大片大片的是鱼虾菱藕生息的荷塘和鸟兽麇集且在我们心中颇为神秘的芦荡。它们的边缘耸立着几座萌萌的小山，是皖南大山里溜达出来的"愣头青"，或许被大江恢宏的气势和澎湃的涛声吓唬得远远驻了脚，但也许是得了江水的润泽、江风的灵气，小山们有种说不出的丰韵儿。

师范毕业那年，多梦的年龄却割不掉浓浓的乡恋，最大的愿望是能被分回家乡工作。可那年分回家乡成了十足的奢侈。仅仅八个名额，而当年有数十位梦想回家乡工作的师范毕业生。不少已有家室的民师老大哥老大姐们最怕成了牛郎织女，听说他们一个个找门路托关系，我却毫无指望地干着急，甚至感到气馁。

后来冷静想着，也死心了，随它分去吧，好男儿志在四方嘛。临近分配的一天，心情特浮躁不安，一念之下一个人去逛县城，漫无目的，西街荡到东街，商店走走，书店张张。就在这么个情景下，我碰上一个在县城工作的叔叔，得知我的情况和愿望，淡淡地说："我给你问一下。"他就这么随口一说，我也没放在心上。然而就这么一个偶然的相遇，我被分配回乡，圆了回乡教书的梦。

工作分配介绍信开到乡里不久，后来得知初步方案是我和一N师同学将分在离乡政府七八里一个简陋的村小，三位F师普师分在另一所村小，而三位F师民师分到乡中。当时我虽希望学校交通便捷一点，但基本心理状态是接受现实、随遇而安，毕竟回乡的奢望得以如愿，比分到人称西伯利亚的穷乡僻壤好上八倍，真该谢天谢地了。

然而人生里很多情况真是惊人的相似。与上次剧情几乎一样，只不过角色中这次的恩人姓氏不同，情景更丰富一些。还是路边偶遇，说到我的分配，又一位叔叔关心地问我愿不愿去乡中学，说中学校长是他的挚友。中学和乡政府、供销社、副食站、医院等许多单位在一起，交通、生活和学习锻炼的机会远胜于偏僻村小，何尝不愿意呢？就这样不可思议、不断变幻的时空中，一个偶然的邂逅使我走上中学的讲台。

工作后的我对爱情的梦想似七月的江水猛涨。同学琬上学回家我们常结伴同行，我挤车常为她留个空隙，她招停便车总带上我一道，相处怡然。琬独自来过中学几次，同事误以为她是我对象，一番鼓励和指点，我终于决定写信求爱。可琬告诉我，她是个独身主义者，还怕我不信说某某几个女同学都持此主义。我咬定是她回绝的托词，虚荣心作怪致使自尊心大受伤害，从此有意无意地疏远了她。那年正月初一下午，同学敏和她一同来我家，力邀去镇上老街的敏家。敏新婚不久，先生是成熟的男人，在家已做得一手可口的菜肴。晚饭时只我们四人，敏夫妇说了许多旁敲侧击有心撮合的话，那氛围确让人感染。可琬同学的一个小举动却让我极为惊讶不解。她用小碗盛了白开水，每夹一口菜，都先往水里浸一浸，涤一涤。本来可口的菜肴经过这番莫名其妙的处理，不知什么味道？我不认为琬是在追求一种平淡，也没问别有什么原因，顽固地认为她是矫情做作，从那以后就真淡了，直到她后来嫁做人妇，都一直没问她是否还持那想法。

爱情总还是向往的，但我开始相信缘分实际是天地之合，刻骨铭心的爱情往往不是所谓的穷追猛打就得到的。人们许多经历都好像诠释了"可遇而不可求"。我"遇"到的刻骨铭心在我心梦间永远存放，而所"求"的很多转瞬就是过眼云烟。

在乡中学只教了三年，我不怕人笑话，努力说着丢不掉乡土气息的夹生普通话，多少给了学生一种新鲜感。我喜欢读书、打球和听音乐，这些爱好也让学生影响到了。那时没什么安全上的担心，春秋天不管风和日丽光景，还是风雨作兴，常和许多学生登山野游，家乡的山山水水留下了我们许许多多青春的足迹，我们也从这块土地上一起放飞美好的梦想。

后来上大学调异地工作，早过了多梦的年龄，但无论如何，总是割不掉浓浓的乡恋，每当我出现疲倦、忧愁、焦虑时，乡恋就是一杯苦茶捧到面前，先带点苦涩，再就淡淡甘甜，回味无穷了。

1997-02-14

暑假中的假

写下这个题目，是受一位小邻居的触动。

栋栋刚刚九岁，读三年级，家住在同大院的隔壁。暑假已过两旬，可这孩子就是难得一见。我通过与他父母聊天，才知道他上午去补数学、英语，下午学习写作和绘画，晚上还有许多作业，隔三岔五还要去上小提琴、书法等各种各样的培训班。

这天，我在家门口忽然看见栋栋在院子里学着骑自行车，他爷爷在后面护着。我上前看栋栋练车，好奇地问道："栋栋，今天怎么有空出来玩啦？"他眨巴着镜片后的眼睛，认真地回答说："老师今天有事，我妈给我放半天假呀。"望着他一脸稚气的样子，想着他这难得的暑假中的半天假，心里很不是滋味。

暑假是国家明文规定，是师生休息、娱乐、游览等自主活动的时间，任何人不得剥夺师生的这个权利。家长给孩子在较长的暑假期间适当安排学习辅导、完成适量暑假作业是应该的，但不能忘记甚至违背暑假的基本宗旨。

可眼下，暑假已成为各方竞相追逐的市场，利用学生暑假到处开办补习班、培训班，成了近似疯狂的吸金大战。家长也因形势所迫，或主动或被动地给孩子聘请家教，报各种各样的班，为了孩子的学习这方面的花钱很大方。各学校、各年级、各学科老师也为着中考、高考争相开办补习班，加班加点。由此暑假早已名存实亡，成为又一种形态的"虚"假。

有关教育部门发出的严禁学校暑假补课的文件难能发挥作用，即使发挥作用管得了学校，但管不了市场。广大中小学生的学习压力，不仅没因放假而减轻，反而变相加重，其精神压力被应接不暇的学习辅导、技能培训弄得更大。想想他们的生活，怎一个"苦"字了得，真觉得这种"虚"假对学生就是一种残忍。

暑假补课或培训终究还是围绕中考、高考而来的，还是以知识传授和应试训练为主的灌输教育，还是服务于应试教育的，根本就不能培养浓厚的学习兴趣，不能促进学生的想象力和创造力，反而会使学生脱离热爱学习、自主学习的成长正道，益处不大，害处不浅。

素质教育已是大势所趋,跨世纪的人才培养目标将是造就具有高尚的社会道德品质、杰出的心理品质、卓越的创造力和良好生存能力等综合素质的新一代人才。这样的人才是国家、民族未来的希望,也是我们大家的希望,而绝不能是高分低能、自我中心、有才无德和缺乏勇毅担当的新一代,那样可怕的结果我想谁都不希望出现。

靠剥夺学生假期,片面追求考分,脱离现实生活和自然世界,不仅无益学生身心健康,更实现不了教育方针所明确的"全面发展"的教育目标。衷心希望老师、家长还有社会,把假期还给孩子,把田地工厂中的体验、操场上的游戏、科技馆里的观察,还有青山秀水的美丽纯净、蓝天白云的奇思幻想、树丫上的顽皮勇敢、外婆家荷花溪的亲情香韵,大大方方地还给孩子,让他们暑假的许多企盼梦想成真。

1997-07-19

"老摸"的喜事

　　"老摸"家里今日装电话,号码后三位数字正是他要的101,他说101代表十月一日国庆节,是他结婚的喜日子,自己一辈子忘不掉,人家也好记,硬是办喜事般的把我接到他家。装电话在农村早不是稀罕事,可这一切对一年前还是光棍的"老摸"讲,却是桩大喜事。

　　站在"老摸"家新盖的小楼上,收获的季节浓浓的秋意伴随着扑面而来的国庆五十周年的热烈气氛,忽想起李白的"长风万里送秋雁,对此可以酣高楼"两句诗,禁不住有点陶醉起来。

　　"老摸"姓牧,是我大表哥。他做事特别慢,摸来摸去,锄一块地别人一个早晨,他要摸到日上头顶,因此人们都叫他"老摸",三十好几岁还光棍一条。后来,乡里动员搞多种经营,科技种田,乡干部和农技员深入田间地头,和农民结对签约。"老摸"被作为重点帮扶对象,和一位乡干部结了对,并和一位姓梅的女农技员签了科技增产和销售咨询的协议。乡干部和梅同志经常边和他一起劳动,边和他讲市场,讲统筹,悉心传授农技知识,介绍致富信息。

　　这年"老摸"种棉花用了梅同志传播的新方法,加上用了新品种,秋后单棉花收入就近万元。他又在梅的指导下开发出门前的一片滩涂,养鸡鸭猪鱼,种丝瓜葡萄,搞得像模像样,收入相当可观,引来远近乡亲前来参观,让人刮目相看。这时许多人为"老摸"介绍对象,甚至还有大姑娘主动跑上门来"学技术",可"老摸"一概拒绝,闭口不谈婚事。去年秋收的一天,老摸来镇上找我,脸通红,吞吞吐吐地说他要结婚,要我国庆那天去吃喜酒。原来这"老摸"和那梅同志相爱了。梅同志很早离了婚,有个六岁的女儿。长期的帮扶中,梅同志田间地头风里雨中,不知吃了多少苦,竟然连爱情一同收获。

　　婚期是"老摸"定的,他说农民过上好日子,是国家政策好,就定在国庆节结婚喜上加喜。去年国庆节那天,"老摸"和梅喜结良缘,在大表哥的婚宴上,我这个"醉不倒"最后醉得人仰马翻。

1999-10-02

春年漫想

　　亲戚家有个女孩,脸蛋儿很青春,暖红暖红的似地平线上的骄阳。其名叫"春年",或是取意于"一年之计在于春",颇觉有趣。

　　女孩在一家超市工作,问她今年春有什么大计,女孩莞尔一笑,"拿通行证呗!"笑得很甜。"拿通行证?"是去特区打工,抑或是海外淘金,我一时有点发蒙。"亏你还是老师",女孩笑声颤然,"精通外语、电脑、驾驶,不说是21世纪的通行证吗? 社会发展太快,不拿通行证,我将来怕是寸步难行。"我顿时满眼敬佩,好一个女孩,目光如炬,思虑深远,真是人如其名。

　　我们不都要拿通行证吗? 当然,我们的通行证不应只是精通外语、电脑和驾驶了。思想决定行动,观念决定格局。如果我们不想违背社会发展的规律,违逆人类的长远利益,进而与未来生活的客观现实要求磕磕碰碰、绊手绊脚,我们必须拿到一个特别通行证。这个特别通行证,我们姑且名之为"世纪新观念"。

　　对于"世纪新观念",其中最重要的就是创新性地理解和运用。大而言之,譬如我们需要创新性理解中国为何要入关,为何要办奥运等;中而言之,譬如保护环境为何与发展经济同样重要,多走"穷亲戚"为何比造访豪宅重要,兴校育人、大兴希望工程为何比大兴"政绩工程"更重要;小而言之,譬如对我们百姓而言,我们要理解工作的变化和选择造成的生活压力和矛盾,要理解亲人、朋友和他人,理解旧眼光、老皇历的抛弃,理解新事物、新思潮的出现,理解自身素质的提高,理解客观存在和发生的一切。

　　"世纪新观念"的创新性运用,在于行使全体同胞作为国家主人公的权力和义务,发挥全体同胞的创造热情,各行各业都迸发建设与创新的活力,冲破一切陈腐朽恶的束缚和阻遏,真正在各条战线上体现出"群众是真正的英雄"。这种运用是建设者主动创造的,是来自群众不断提升的与新世纪相适应的教育素养和高度觉悟。

　　当然,"世纪新观念"的理解和运用是直面现实的。理解促进运用,运用加

深理解;理解更新认识,运用重在行动。理解包括宽容,但宽容不是纵容。对于腐败、丑恶和无知,我们的理解是绝不纵容。彻底清除腐败、丑恶和无知,应是大计,需要我们立即行动。

时值新春,力推此大计,毁弃其温床,深挖其孽根,锄灭其生机,遏阻其邪气;如此,"世纪新观念"是为百姓之福的特别通行证,畅通无阻,千家万户的新春里,祥福临门啰。

2001-02-28

野孩子小传

野孩子,已不知姓甚名谁,生由父母、养由父母。不知父母对这块心头肉,是照顾不过来,还是麻木心狠,反正对这孩子是放任自流。只在偷人家桃子,逃学回家,还有说谎等几回闯祸被狠狠惩罚过,其他就基本不管不问了。

家乡是山清水秀的古镇之郊野,野孩子很小就光着屁股跑出去,野外诱人的东西太多,家里是待不住的,撒欢儿天天和泥土水洼花鸟草虫打着最原始最自然的交道。稍大些要上学了,他在自然与社会之间光着脚丫穿梭,学校只是他收敛野性的驿站。他不知道什么叫课业负担,他的学业似乎还是上树摘果子、捉知了,下湖摸鱼网虾;还和小伙伴斗力斗勇,看谁敢夜里过坟堆,谁能闯枯根林、水鬼滩,这孩子总是能胜他的伙伴,所以在村里就野出了名。

再稍大些最爱和伙伴们东奔西突地看电影,都在夜晚,电影等着来电、跑片,他的耐心从没出过问题。散场时总是等到师傅收起胶片、放映机进箱子了,才在黑夜中蹚过庄稼地、涉过小沟渠赶回家。后来就爱上了和伙伴们玩打仗,用柳树枝叶编个圈戴到头上,割一段蒲草扎起武装带,还别起自己做的木头手枪,折一节木棍当长枪,捡起泥巴团当手榴弹,还没分好对方就战线不明地开战起来。

再大一些似乎更野了。放暑假正是炎热的夏天,家乡的池塘、小河几乎天天被他和伙伴们享用着。他们脱得精光,跳进水里,基本是狗刨式游泳比赛,偶尔比赛扎猛子潜水的功夫,输了就给赢的人拍几下屁股等。不过野孩子也算乖巧,为避免回家挨骂,回家时总能带着一些捞上的猪草、摘下的菱角、摸到的田螺和河蚌,在父母面前就有了一次表现的机会。

父母没什么文化,但都是勤劳、厚道人,也没有什么不良嗜好,话不多,但经常爱琢磨个理儿,对孩子冷不丁说上一句两句,不过都让孩子记住了,没有什么特别的关注。父母农活繁忙时是要带野孩子到地里做帮手的,闲暇时也带他进城帮卖农产品。

野孩子上初中后,学习上好像开了窍。他的作文总是被老师当范文,因为他把大自然描写得特别鲜活、细致生动,他的数学也不赖,特别是应用类的题目。野孩子有个性,敢想敢说,遇到不诚实不公平的现象就站出来批评,即使是老师也敢提意见。有个城里来的老师,上体育课让赤脚的孩子去一边罚站晒太阳,野孩子给体育老师提意见,说他做得不对。校共青团书记发展团员照顾村会计的孩子,野孩子敢提反对意见。

野孩子还特别会玩,玩的花样还都新鲜。跟同学们在一起有主见有主意,深受同学们喜欢,被同学推举为班干。野孩子不怯场、不怕生,跟人接触大大方方,表现得不卑不亢。每次考试分数在班上不是很高,但也不太在意,做作业题也就选择一些做做,遇到不懂的,不管是多么容易的,也脸不红、心不跳地去问老师,顶多不好意思似的笑笑。

学习紧张时,野孩子还是喜欢在山山水水中疯跑,也常常背着书包捧着书、算着题目在背山临水的草坡上度过几个时辰。野孩子虽野,但更爱读书、更爱思考。初中毕业,野孩子虽不是第一,但仍以优良的成绩考入城里一所名牌高中。

高中第一学期结束,野孩子的成绩单评语上写着这样一句话:"你身上有种来自大自然的天性,你有个性、有闯劲,正直勇敢,勤奋思考,我很欣赏。"野孩子后来考上了大学,读了研究生,留学外国,现在已是南方一大公司的老总。听人说他回老家很多次,但很多人不知道,野孩子懂得什么是低调。

2005-07-29

生命如天

　　我们大多数老百姓在家庭中太富有"牺牲精神"了,不可救药的"牺牲精神",而且都是以"爱"为名义,或以"没有办法"为有些悲壮的理由,践踏着自己生命而浑然不知。对自己生命的轻贱和牺牲,并没有换来子女生命的强悍和坚韧,其实这并不是对子女生命和未来的真爱。

　　老实说,是我们百姓自己把子女惯成了"皇帝",养成了"富二代"。还有许多父母在恶劣环境中苦累苦熬,日子过得紧紧巴巴,自己有需不取,有爱不求,有病不医,却倾其所有,甚至债台高筑,竭力为儿子娶妻生子,注定了自己最后成了无谓的牺牲品。

　　父母在家庭里漠视自己生命,没有底线的牺牲,让我想到一个从遥远的历史一路联想而来的问题,那就是几千年来的人类历史中,老百姓的生命在"以人为本"与"草菅人命"之间究竟如何被选择呢?不过历史最好不要用来歌颂,而要保持警戒。"杀人盈城""杀人盈野""白骨露于野,千里无鸡鸣",是战争给我们的警戒;"朱门酒肉臭,路有冻死骨""路有饥妇人,抱子弃草间",是"苛政猛于虎"的警戒。翻开史册,封建朝代的兴亡更替实际上诠释了张养浩那句震撼人心的"兴,百姓苦;亡,百姓苦"千古名言。

　　今天做父母的牺牲精神是历史的遗传吗,还是历史的惯性呢?我只想说一句:生命不是用来牺牲的,而是尊重享有的。无论是谁的生命,包括广大老百姓,每个人的生命都是弥足珍贵的,生命如天啊!

　　应该用心思考一下生命这个问题了。不管你是人生得意激情澎湃,还是艰难困苦寒若冰雪,都首先应该感谢上天让我们有了生命,我们的生命其实是上天的垂爱;我们要感谢天地有情,要感谢父母或爱或性的天缘巧合;我们有生命既是万分难得的概率,又是承得自然、尊奉自然的创造,总之我们的生命太可贵了,也太难得了。

　　我们无比崇敬古往今来的无数崇高伟大的仁人志士和英雄豪杰,他们真正为民族、为国家、为人民而无私忘我,甚或勇于献出自己的生命,正如孟子所说

"二者不可得兼,舍生取义者也"。他们理应受到表彰、获得颂扬,值得铭记和感敬,但我们别忘记了他们的初衷,他们的牺牲正是不让百姓牺牲,他们舍生取的是百姓幸福安宁的大义,他们在别无选择时把普天下百姓的生命放在自己生命之上,其实他们也热爱自己的生命,尊重自己独一无二的自我,他们是有我之无我。

如果我们能尊重生命,如果我们不是为了民族为了人民为了大义,如果不是别无选择,请我们不要随便使自己成了牺牲品。生命,愿人人同享,千秋万代。

2008-10-27

"村神"老阚

老阚是我师范同窗,毕业之后很少联系,只是在某次同学聚会上见了一面,也没有多聊,他也很少主动与同学联系,但同学友情不会随时间而淡,反而因为远离利害关系和炎凉世态而纯粹真实。

这次在省城参加高考阅卷工作,认识的阅卷老师中竟然有一个老阚的学生大张。我们住在一个楼层,因为老阚我们仿佛亲近了许多,我也享受了"师叔"的待遇。阅卷之余我们说得最多的就是老阚,我也渴望从大张那里多了解我一直牵挂的老同学,满足我对有点孤僻的老阚的好奇。

大张说,老师最大的特点是敬业,近乎神圣的敬业,对事业的痴迷令大张自愧不如。老师并没建树什么轰轰烈烈的事业,然而老师对教育的敬业足以让大张汗颜。大张现在虽是在县城中学工作,按说也是蛮抓紧的,但大张说跟老师比他差远了。

大张是从山村里考出来的,老师从一年级教大张到上初中。那时老师也就二十四五岁,可生得皮黑肤糙,要不是他响当当的名头以及那副黑框架的眼镜里蕴含的很有魅力的斯文劲,和山里人几乎没什么区别,一副饱经风霜的贫下中农样子。老师初到那个山村小学,并非由衷,一位曾与他海誓山盟的俊俏姑娘的移情别恋,使他一赌气一狠心,来到那个近乎与世隔绝的山村小学任教,扑面而来的艰苦现实使老师曾后悔不迭,但开弓没有回头箭,他咬着牙硬挺了过来,这一挺就是一辈子。

那个山村有三十多户,三十多个适龄儿童,因为四面环山,走二十多里崎岖山径才有公路,离最近的上规模的小学至少四十里,镇里只得单独在村里设个小学。

老师从一个老民师那里接过了大部分担子,身兼校长、教导主任、学科老师数职,三十几个学生年龄从六七岁到十三四岁,共五个年级。语文、算术、品德、自然、体育、美术等所有学科,他一人全代。我想象不了老师是怎么教过来的,就是有三头六臂也应付不过来啊!

老师真好样儿的,他使出浑身解数,没多久,小学里书声琅琅,秩序井然。外面玩体育游戏,里面这边做练习,那边听讲课,环环相套,有条不紊。一年级、五年级语文数学是老师最重视的,一年级要启蒙,五年级要升学上初中,老师投入力度好比是虎头豹尾。他特别注意培养小老师、小助手,让高年级同学帮带低年级同学。高年级同学积极性被调动起来了,都努力学起来,哪有不上进的。

大张就是在四年级时被老师选拔培养起来当小老师的。大张负责指导、检查几个一二年级同学作业,负责监督对应的几个同学,足足过了两年"老师"的瘾,还以优异成绩上到县城的初中。

老师很少回家,只要回家就带来很多书,他自己的藏书,还有特意为大张他们买来的,建起了小小阅览室。他偶尔出去,就由高年级同学组织同学们读书、写作业。

不到两年,老师的学生统考成绩竟超过中心小学。而老师看上去更老了,早早就有些谢顶。山里人很实诚,家长和学生可把老师摆心尖儿上,老师俨然就是他们的精神领袖。加固校舍,平整操场,校园绿化,不管老师办什么,可称得上一呼百应。

老师的事迹是村民和考出去的学生传开来的。县上有领导了解后很感动,县里广播报纸报道他,镇教委考虑调他出去任职。但撤不走山村撤不走他的心,他割舍不开那个小山村,离不开那高树浓荫掩映下的学校和村里的孩子。他还在那山村小学工作,当然现在条件改善多了,只是那个山村把老师看作"村神",已快三代人了。

老师是在大张上初中那年结婚的,师娘是那个老民师的闺女,媒人就是老民师自己。师娘爱老师,老师又黑又瘦,她心疼,养鸡养猪种菜,尽力改善老师生活。一次和老师进城,老师的一个校友,一个久断音讯的老同学对他大发感叹道:"时间过得好快啊,你女儿都这么大了。"为此,她回家越发细心地照料老师了。老师默默耕耘,辛勤操劳,终获得幸福爱情,这也是好人自有好报。

大张如数家珍的叙述,使我听得入神,听得动情。我的师范同学里有不少改行从政从商的,也有考研在大学执教的,较多的也被调进中学教书,似乎只有老阚一人一辈子扎根一个学校,做一辈子启蒙老师,初心从未改变。

阅卷结束与大张作别时,我请大张转告我对老阚的敬意。真希望有机会与老阚见上一面,好好看看这位"村神"。

2009-07-26

走读人生

我的小学和初中都在一个叫江坝的村庄里,我家住在一个叫大鳖壳的小村子里,两地路程距离不过六七里路,但心灵空间却特别大。

我背着的书包从最初妈妈缝制的土布书包,到上初中在供销社里买的印着"为人民服务"解放军背包式样的黄书包,每天上学和放学,都在学校和家庭之间蹦蹦跶跶个三四趟。

最初孤陋寡闻,不知道还有诸如寄宿制的上学方式,后来才知道我小时候上学方式叫"走读",也是后来通过比较才感觉到这种"走读"真好。

学校里上过课,学到了知识,知道点理论、公式和定理,然后又回到自然、田野、村庄和生活,途中的蓝天白云、小鸟歌唱,阳光风雨下生长的野花、野草、各种野虫子,还有小野兽成为我们的好伙伴,顽皮撒野任性儿玩耍,而任性玩儿的过程中,还是能够学到许多事物的名和理,实在是有趣极了,又有益得很。

入中专、上大学那阵子,是进了城,住的是集体宿舍,这算是寄宿制住校生了吧。上课下课吃饭睡觉都绑在了一块,一般都是三点一线,一下子没有了多走动的路途。除了刚开始的好奇和兴奋,这个住校生活,渐渐让我觉得缺少了什么,好像久而久之就把自己封闭在一个过于单纯的世界里,好似梦一样的飘在风云变幻却踩不到实处的空虚幻境里。

于是我一有空就逃出那个被称作"象牙塔"的地方,远赴野地,跋山涉水,在大自然的无限丰富和万千变化里真实感受我们的美妙存在。有时无法逃开,实在无聊极了,也从校园出去逛市场、压马路,浏览市井里巷、勾栏瓦肆中饮食男女的浮世绘,体验千家百姓谋生求存、悲欢休戚的众生相。即使是那时的我,生活得平平淡淡,年轻得懵懵懂懂,幼稚得萌萌呆呆,只是潜意识里总想要探寻个什么谜底,弄清一个什么究竟。

离开学校又进了学校,从学生到老师,似乎身份有了变化。但这个身份变化后的心灵转化、升华的过程,我实际走了很远很远的路。在我的心灵历程中我的角色转换还没有完成,我认为自己还是一个学生。在我心底里的学校,我还是一个走读生,在弯曲、漫长的走读路上,我执着地保持着一个有趣有味、充实感悟的过程。

实际上,这个走读的过程是另一种形式的学校,是开放式、社会化大学。我在这个大学里既能够读到无编选、无删节时间老人出版的百科大书,也能够随手翻翻臧否忠奸、褒贬美丑、挥洒喜怒哀乐的人生小品;既能够欣赏到非典型、本色原真的戏剧,也能够听到天公地母、风雨雷电、山河草木奏出的天籁交响;既能够自由自在的展现自我,也能够无拘无束、尽性尽力地创造。

我知道这个走读的路上,有跌倒、磕痛、风吹、日晒、雨淋的真切感受,有不受尊长、老师管教尽情任性玩耍的自由,有造化出来的富有山水之韵和草木之情的彩色插页,也有父亲的呵斥、母亲的叮咛、村头小贩的吆喝、田头老汉的小调做出的注释。我们可以搭古人的便车,走现成的道路,沿着前人的足迹,徜徉在周魂汉魄为底色的唐风宋月之下,还可以从古老的门槛跨出来脱离不合时宜的陈规陋习,更可以挣脱名缰利锁的羁绊,抄近道,拓野地,蹚过不知深浅的河流,钻过不知死活的胡同,一路高歌狂奔。

这个走读学校的课程很多,它绝不会也不能待坐在学校书斋里苦读,而是要带着质疑、带着思索走出去读。历史学要走到民间和现实中来读,经济学要走到生活和市场中来读,音体美和哲学要走进大自然来读,军事学要进入残酷的战场去读,社会学要在社会、家庭和社区里来读。每门科学、每部书,都要走读才好。

人生是一部大书,社会是一所大学,而我不管岁月几何,都是一个走读生。边走边读,边读边走,走走读读,优哉游哉,我叫它"走读人生"。

2009-11-28

"曲突徙薪"之联想

给学生讲"曲突徙薪"多少次了,每次都产生许多题外的念头,跟学生在课堂上讲,又觉得不适当,于是就有了下面这些话。

还是先解释一下"曲突徙薪"这个成语,因为很多人并不知道它的意思。

曲:弯;突:烟囱;徙:迁移;薪:柴草。把烟囱改建成弯的,把灶旁的柴草搬走。比喻事先采取措施,才能防止灾祸。

这个成语出自《汉书·霍光金日磾传》,翻译出来就是一个故事中的故事。

当初,霍光族人骄横奢侈,茂陵徐生因担忧霍氏骄奢跋扈不懂得谦让,遭天下人嫉恨,甚而不尊敬皇上而大逆不道,从而自取灭亡,多少人会由此遭遇横祸人头落地,于是上书说:"霍家太兴盛了,陛下既然很宠爱霍家,就应该加以抑制,不使它灭亡。"上书三次,皇上只回答说知道了。后来霍家被诛灭,而告发霍家的人都受到封赏。

有人上书为徐生鸣不平说:"我听说有一个造访主人的客人,看到主人家炉灶的烟囱是直的,旁边还堆积着柴草,便对主人说:'重新造一个弯曲的烟囱,将柴草远远地迁移。不然的话,会有发生火灾的忧患。'主人沉默不答应。不久,家里果然失火,邻居们一同来救火,幸好把火扑灭了。于是,主人杀牛摆酒来感谢他的邻人。被火烧伤的人在上位,其他的各自以功劳的大小依次坐,但是没有请建议'曲突徙薪'的那个客人。有人对主人说:'当初如果听了那位客人的话,也不用破费摆设酒席,始终也不会有火灾的忧患。'最后才邀请了那个提建议的客人。"

这个故事在我的文字里占的篇幅太长,但不讲清楚了又不好,有点无奈。故事中人物有三类:一类是皇上和主人,一类是"徐生"和"客",还有一类是受表彰奖赏的人,但关键是前两类人。在封建社会里像"徐生""客"这样的人算是哲人,但封建社会里哲人是敌不过皇上和主人这类政治家的。

现在早已不是封建社会了,我讲"曲突徙薪"又有什么意义呢?

当代社会大家庭按道理应该没有君臣、主客之分了,但实际上还是有一些人有意无意把自己尊为"君"或"主",把他人当作"臣"或"客",有心无心地就演绎了许许多多当代"曲突徙薪"这样的事情。

我们抓住了宝贵的历史机遇,确实取得了一定业绩,可我总觉得我们付出的代价也是巨大的,与我们取得的成绩不正比。我情愿在全局面前,在大量事实面前承认我是错觉,毕竟我接触和了解的极为有限,我很有可能是盲人摸象,然而偏偏是长时间的大量客观情况坐实我的感觉。

可以看看媒体的客观报道,某年某地夏天特大暴雨洪涝造成巨大的生命财产灾害,事后报道中只见抗洪抢险英雄模范的表彰奖励,当然这是必需的,但不该缺少痛定思痛的反思报道。

我们也可以稍微注意一下身边,关注一下周围:有没有公司厂区荒草丛生,不见人影?有没有高楼林立,门可罗雀?有没有烟尘弥漫,水臭难闻?有没有道路虽宽了但事故更多?做出决定之前有没有听取过"徐生"或"客"们之远见卓识?

如何彻底扭转这个局面?不能靠事后决策,要依法行政,要从根本制度上让"徐生"和"客"们真正得到尊重、发挥作用。如此直面问题和忧患,立足长远和未来,防微杜渐,防患未然,"曲突徙薪"就再无遗憾了。

2011-08-17

踩　藕

　　我和母亲都喜欢对人说起踩藕的往事。母亲的听众是她的儿孙,而我的听众多是我的学生。

　　现在很多人是不知道什么叫踩藕的。它不像如今藕种植在稻田池塘里,土层都比较浅,泥淖松软。挖藕的人穿上连体胶裤胶鞋,戴上胶手套,挖藕非常轻松方便。而那时候家乡的藕都是野生的,套里的水又深,藕都隐藏在很深、很板实的泥土里,没有一定经验、技术和力气是踩不到藕的。

　　母亲踩藕似乎是无师自通。她几乎每次踩藕都大有收获,在泥水中像捉鱼一般神奇地“拽”出一根根节节相连的白壮莲藕。

　　她说过去有几年粮食奇缺,很多地方饿死人。莲花套里面的藕不知怎么回事,就是出奇的多,真成了我们公社救命的套了。公社里派武装民兵日夜看守,逮到偷踩藕的人要先关起来,后游行批斗,但饿疯了的人还会铤而走险。后来公社里让各村轮流着去踩藕,谁踩到就归自己,不用大呼隆交生产队均分。我想这在当时算是了不起的英明决策了。

　　母亲说一次生产队老队长放了半天工,轮到我们队去莲花套踩藕。那是初冬时节,湖水已经很冷。三舅下水没一会工夫,可能是没踩到,也可能受不了,上去找个避风有太阳的地方歇着晒衣服了。母亲却咬着牙在水里探摸着,找到枯死在水中的荷梗,用脚尖使劲往下踩去。母亲说踩藕不能一味蛮劲往前,要进进退退,借点水的压力和冲力,这样就省了不少力气。

　　几次失败后母亲终于幸运地找到一个藕窝子,兴奋得一下子忘记了寒冷。湖底的泥土很板,母亲用脚尖顺着藕身子,小心翼翼地用脚趾清除掉周围的泥土,一节节伸展到前面,最后把从藕头到尾梢有四五节差不多一人长的大藕拉了上来,它白白胖胖的,就好像一个个大白馒头摆在自己面前,不知不觉劲头更大了。一个下午母亲就这样踩了三十多斤,都是洗干净不带泥土的。当老实的三舅把藕背回家,说是母亲一人踩的,外公还真不敢相信。母亲说这么多藕让家里吃上好多天。连藕节都是好东西,做成了藕粑粑,吃下去能饱肚子,喝水漱嘴都舍不得吐掉,都成了宝贝一样的汤。

受了母亲的影响,其实我年少时期在踩藕上也算一个高手,只是我踩藕的时间不是初冬。我都是在夏秋之交的时候,水又清又旺,并不太冷,荷叶高举,荷花花蕊还没落尽,莲蓬还没饱满,还是个玩水戏鱼的好时光。

野生莲藕埋得深,通常在泥下半米处。我踮起脚跟用脚尖转着圈儿,手臂还要展开舞动着来平衡,我的踩藕就好像在水中跳着芭蕾。有时踩到藕的时候水常常淹到我的下巴,遇到起藕的时候不得不扎起猛子,并不怕泥浆水灌进鼻孔耳朵。

这时的藕还很嫩,我用脚尖破土而下时常常踩碎了藕,藕踩碎了反而起不上来。后来学会了用脚尖在泥中斜着探摸,一发现藕就从旁边踩进去,然后顺着藕路走,再把藕四周的泥土,用脚尖做锹,脚掌脚背顺势推进,做好这些准备活动,就可扎起猛子用手把藕起上来,不断不碎,好几节连着。那成就感就像整塘的河水荷叶满满密密、绿意浓郁。

那藕踩上来,到旁边用清水洗洗,又白又嫩,吃上一口,脆脆甜甜,口齿生香。再去摘点莲蓬、摸点螺丝、带点水草回家,还免了贪玩的责骂。

现在想想,我的踩藕既玩了水,又锻炼了身体,还有劳动的收获,实在是大有裨益。

母亲说起踩藕,人就精神起来,我们听着并没什么新鲜;我说起踩藕,我的学生很好奇,都羡慕极了。

2011-11-12

诗意年轻我们的心

当今世界,我再难见到诗人,诗人似乎隐身了。倒有很多"湿人",湿了想象的翅膀,湿了浪漫和温馨,湿了精神天空的诗情画意,湿了人类本应具有的温情,裸露了种种诱惑和纵欲,裸露了圆通、世故和膨胀的自我,让我禁不住为诗人、为诗而唏嘘。

濮溯的《心灵之旅》,近百首朴素淡雅、灵犀通融的新诗选粹。当诗集的作者将它赠予我时,我忍不住惊讶、感慨和怦然心动。我油然记起海德格尔一句话:"人,诗意地栖居于大地上。"诗意,顿让我的血液鲜活舒畅,让我变得年轻。

《心灵之旅》创作时间多在20世纪末21世纪初,那是一个风云激荡、充满精神追求、好为理想奋斗的时代,作者正值人生富有信念、热爱思考、渴望爱意的年轻时光。这里有生命的搏击、灵魂的归栖和情感的宣泄。"语言是存在的家",这一切铸成文字,便成就了《心灵之旅》。

人生追求里有一种大爱,那就是对祖国和人民的赤子心和报答情,对乡土和父老感怀下的责任和奉献。"我不知祖辈们耕种/该是一支动人的歌谣/还是一首并不壮丽的悲歌","我沉重地翻阅所有的书简/目光掠过每一块象形文字/竟找不到医治乡邻们脊梁弯曲的药方"(《渴望》);"树把月光割得破碎不堪/时间在苦涩的烟圈中爬行/星星孤独得像没有文字的标点/树梢顶着几片枯叶/让风书写《天问》","夜很深/不再有鸟飞进这片树林/母亲的叹息告诉我/没有生命的土地让人孤独"(《生命的旅程》);"守着那方土地/你不想再去敞开那扇木门/让古老单纯的的时光/在那方小屋里/酿成了一段风景"(《那方小屋》)。《心灵之旅》收录的多半是对这种大爱的歌唱,富有象征和隐喻的文字里腾腾涌动的这种深厚、坚贞、热烈的情感让我动容,催我奋起。

生命里最真实的东西是灵魂,有些人用虚无、矫饰甚至抛弃、出卖来糟践灵魂,而很多人却捍卫灵魂的尊严,守护灵魂的净土,甚至曝晒、炙烤自己的灵魂以祛除丑陋肮脏,勇于精神解剖和自我救赎。《心灵之旅》中较多作品就属于后者。"如今我只有吻别空旷的秋夜/风在为我洗劫身子/灵魂安静得像熟睡的摇篮"(《醉夜》);"你端起凉了三天三夜的那壶陈茶/一饮而尽的时刻/你潇洒地吐出一屋的辛酸/而后你梦见海就在你的身边"(《独白》)。如此隽永率真的诗句,可以在《心灵之旅》中信手拈来,时时撼人心魄。

生命中最珍贵的东西是爱。有些人任荷尔蒙驱使,将爱成为甜言蜜语的代名词;而很多人让爱成为力量,成为雪中送炭般的关注,成为富有精神价值的一种慰藉,一种常常带有悲剧色彩的崇高。《心灵之旅》具有独特抒情结构的诗体,在跳跃性很强的时空背景下,潜藏着极具生活象征的故事隐含和情意联想,而我能够读出它的诗意中对真纯之爱的体认。"于是三十年的风雨/连同那支苦涩的情歌/那方透明的生命/在或许不该温柔的时刻/凝聚成一声叹息"(《心魂》);"微微地抬头/你竟在对面的站牌下/我们相遇在彼此的目光里/一瞬间的对视"(《为了忘却的恋歌》);"回忆实在陈旧/捡回你扔在草丛中的情书/或者躺在石板上拉直个性/选择一个雨天出走"(《出走》);"我多么渴望/渴望今晚下场细细柔柔的小雨/好让丢失在小站的缕缕思情/在明天太阳升起的时刻/生出一片绿色"(《等你,在小站》)。爱的话语倾诉成为生命里最动人的诗篇,并通过"爱"的主题,揭示出追求与生命共存的一种永恒。

我没问濮兄《心灵之旅》作者为何署名"濮溯",只是"溯"字让我联想到《前赤壁赋》中"桂棹兮兰桨,击空明兮溯流光"的佳句。莫非濮兄的诗是用来追溯"流光",缅怀年轻岁月吗?

其实诗在诗外,情在心中,生活有诗,人生不老。在宇宙天地面前,个人百年参差,何老之有?倒不如让我们卸去精神枷锁,丢弃虚伪面具,洗刷浊腐,使我们的生活充满朝气。年轻心态,有诗,有诗意。

2011-12-28

鸡窝街的荷塘

　　有个地方，名叫鸡窝街。街旁有一块荷塘。塘边有一个瘦小却长满松树的小山。山脚塘边数十户人家与它长长久久地亲近着。一次在远处，颇为惊奇地发现：这一片空间，酷似人们的眼睛，荷塘是明眸，小山是眉黛，四周的人家是眉睫。

　　我不知道鸡窝街的荷塘是造化天成还是人工杰作，不知道它有无贞烈传奇，有无风流韵事；也不知道它生于何年，将卒于何月。总之，它从历史走到了今天，它还顽强地生长着。

　　说它生长着，是因为它在不断地变化。日月晦明、四季轮回、风起雨霁、冷暖枯荣下的千娇百媚或千姿百态，自是天下荷塘乃至自然万物通有的千形万象。鸡窝街的荷塘也鲜然如此。我曾无数次走近它，亲近它，感受着它的眉清目秀，感受着它的温柔魅力，更感受着它无尽的诗意。春来它即"荷尖点白水，叶嫩片片绿"，夏至它就"蛙鼓十里风，荷香悄入户"，秋到它却"茎叶逐日疏，银露残花驻"，冬临它则"日照冰枝折，瘦鹭觅浅池"。无数次被它这些诗意陶醉着，痴迷着，我赞它，我爱它，我愿与它山盟海誓。然而，我真真切切地发现，它变了，是千变万化之外的那种变，是我最不能也极不愿想象的那种变。

　　还曾记得第一次目睹它的容颜，是在一个仲夏的晴夜。从寝室边上一条弯曲着神秘和好奇的小巷蹀过去，头上的那轮苗条月儿招迎着我幽幽地深入着，豁然地一大片开朗景象让我惊艳不已：一大片荷叶还有荷花啊氤氲着翠绿和凉爽，光影迷离着暗香浮动，像一个身姿高挺、盈白素裙、娴雅端庄的年轻女子奏着《仲夏夜之梦》等名曲，让人痴痴柔柔地沉浸着。

　　第二次的遭遇却一下痛击了我，击倒了我心中那婷婷的纯纯的形象。我不忍具体描述它的那个样子，只能说它憔悴瘦弱，肮脏不堪，它变得让我心疼不已，让我纠结百端。它怎么就变成了一个堕落风尘的女子，它没有出卖自己，它仍能守身如玉。原来这是它最亲近的人家，还有与它亲近的人们很不在意或者毫无节制的糟蹋所致，将它作践为垃圾池。我很难列举这些垃圾，也很难做分类学上的划分，更不愿描绘那惨不忍睹的景状，怕污染了人们的视野和念想，只是荷塘远近随处可见的垃圾真是触目惊心。

我知道睫毛是保护着眼睛的，却不明白荷塘边的这些"睫毛"为什么不保护反而糟践它们的"眼睛"。我知道这儿的人都是些勤劳善良、安分守己的，我丝毫不怀疑他们的人品，他们做事勤恳、做人端正，他们中的许多人一定值得我信任，值得我尊敬。只是这荷塘里新陈因积的垃圾，绝不是城市垃圾的转移，更不是太空垃圾的坠落，应该是因亲近荷塘的人们多年来无心之间的抛弃而存在。从社会学专家的角度讲，这应该叫集体无意识。

周敦颐的《爱莲说》赞美荷花是"出淤泥而不染"，他指的"淤泥"基本义应是指肮脏的污泥，就如同鸡窝街现在荷塘那样的。其实荷本不愿委屈在"淤泥"之中的，它何尝愿意用"淤泥"来曲意枉费地衬托自己的高洁？它何尝不希望生长在净土之中，"清水出芙蓉，天然去雕饰"，荷生净土，亲在清水，不就是生命的本真么？

故此，我真心希望这片荷塘的淤泥能够减少，能够清除，还它本然天纯，该有多好啊！其实，这儿的人家是懂得生活、懂得审美的。这片荷塘是他们的财富、他们的天赐，他们享受不尽赏心悦目的奇妙大盆景。只是公共拥有，缺乏应有的珍爱，正如芸芸众生对须臾不能离开的阳光空气缺乏珍爱一样。懂得生活和审美，就必须懂得珍惜爱护，像睫毛爱护眼睛一样。鸡窝街的这片荷塘应该如此，天下所有美的事物，何尝不是如此？

2012-03-07

义利之衡

　　义利与人性、战争、爱情一样，是人类永恒的话题，也是最重要的话题。

　　它与人性紧紧相伴，一路磕磕绊绊，演绎并推动着人类的历史，导演着无数情节和主旨惊人相似的悲喜剧。

　　这个话题，古往今来崇论宏议极多，但众说纷纭、争论不休。单说我国先贤对于义利的精辟论述就呈现出"百家争鸣"的景象。他们的义利观虽有各自的背景和现实出发点，但其实质毫无二致，只是受政治关注和利用的程度不同，而在现实社会呈现出不同的地位和影响。

　　地位高、影响大的当属儒学宗师的孔子、孟子和荀子以及倡导"独尊儒术"的董仲舒。

　　孔子"不义而富且贵，于我如浮云""君子喻于义，小人喻于利""举国上下交争利，则国之殆矣"等名言，奠基了儒家"重义轻利"的传统道德观念，使义与利成为"君子"与"小人"的分野，而折射的正是春秋时期礼乐崩坏、天下大乱的沉痛现实和忧患悲叹。

　　孟子说："生亦我所欲也，义亦我所欲也，二者不可得兼，舍生而取义者也。"这是在战国时代生与义"二者不可得兼"的万般无奈下做出"舍生取义"的选择，是君子道德修养的最高境界，是人类理想追求的崇高精神之圣火。

　　荀子的"义胜利者为治世，利克义者为乱世""先义后利者荣，先利后义者辱"，从宏观和微观两个层面突出了义重利轻、义先利后的义利思想，对国家、集体和个人的道义要求仍是至高无上的。

　　汉代董仲舒在《春秋繁露》中对义与利进行了更为细致的分析。他说：人既需要义（精神需要），也需要利（物质需要），如果少了其中之一，人就不能正常生活，但人心比人的身体要高贵，因此，养心的义就高于养身的利。这是确实符合实际的贵义尚利观。

　　人类的历史和今天不乏舍利取义的崇高壮举，有"士为知己者死"的，有放弃国外优厚待遇无怨无悔报效祖国的，有为祖国和人民默默奉献和牺牲的，我知道这样的人很多很多，我永远感激并崇敬他们。

只是我想他们往往处于特殊的时期和情况，是在义与利尖锐对立冲突、无法调和之际艰难选择了利的舍弃和牺牲。每个时代都需要英雄，都有牺牲，但最好不要成为常态。反过来说，牺牲者、崇高者、英雄儿女以及他们的家人理应有我们无限崇敬下的利的获得和保障。

这又让我想起几个似乎不被重视的义利观，其中有我非常赞佩的墨子和司马迁的。

墨子贵义尚利是基本的共识，他的义与利是统一的，他说"义，利也"，利即是义，除了利别无义。利是义的本质和内容，义是利的道德形式和实现途径，义与利并非相反相对。

司马迁似乎说得更直接。他在《史记·货殖列传序》中对管子"仓廪实而知礼节，衣食足而知荣辱"的高度认同下勇敢坦言"天下熙熙皆为利来，天下攘攘皆为利往"，道出了人类历史的真相，与他的《史记》一样表现出超凡脱俗的史识和胆识。

我想墨子、司马迁的义利观是正常状态下的芸芸众生的义利观。这义与利是互为一体的，是相互依存的。有义方有利，有利才有义；无义不得利，无利不存义；私利合于公义，公利不悖私义，没有先后主次之分，没有轻重内外之别。

放眼人类和世界，无论是国际、国家，还是集体、个人，几乎一切的一切都关涉义利，无论政治、经济、法律、军事，还是科技、教育、文化等都指向义利。因为追求利源于人类共同的天性，崇尚义则是人类后天的精神需求，所以人类始终需要面对并着力解决的就是人类利与义的这两大生命需要。

义利的公正是衡量政治、经济、法律等的最主要标准，义利的普遍持久的实现也需要依靠它们，军事是采用极端的方式解决义利问题，而科技、教育、文化几乎都是为了义利的平衡。说到底，人类最大的努力就是实现义利的平衡，故此我愿无限期待的是义利之衡。

2012-05-06

老城故事

今天的老城人或许真的浑然不知，或许是不愿启齿，更或许是蓄意遗忘它，其实老城有一个天大的秘密，是从不向外人道的。

这老城从东晋开始，就已成为江南重镇，也是山阳的县治。

老城北滨大江，放眼过去，波光耀日月，千帆片片来；东南有青龙河擦肩而过，河畔绿野千里，荷塘密布；西北是山峦起伏，竹木葱茏，云烟映翠。

有一山岭群中逸出，孤立江畔，人称独行峰。虽离群索居，其貌不扬，但因为独峙江畔，水浸浪淘，风雕雨琢，日月造化，使个独行峰山上山下大小洞穴密布，深浅不一，有种吞吐天地日月清辉的幽静深邃，更有那春秋流转中蕴藏的自然与历史的惊奇和神秘。

独行峰傲临百里江面，雄关垂扼万里江道。每天穿梭往来的官商军旅之各类船只，都尽在它的掌控之中；魏晋以降，无论治乱，都驻有重兵镇守，牢牢扼住东西南北之交通命脉。

当时作为县治的老城，城池内外，亭台楼阁，塔寺井院，妙然分布；街市店铺鳞次栉比，商贾四方云集，江南江北一时盛传"买不到的老城买，卖不掉的老城卖"，可见老城人遂其意，物畅其流，地气旺、人气旺、财气旺。

城内塾馆众多，城外独行峰下的独行书院掩映在松樟翠竹之中，教习课业，立德树人，讲经论道，文人雅士慕名而至，莘莘学子求学以归。学风醇厚，书香馥郁，师者学者，尽得社会和众生恭敬。无论是现实还是发展，老城可说是一个欣欣向荣的城镇。

老城虽然也盛产山珍野味，但最绝的要算是独龙潭的鱼虾。

青幽幽的湖水，不管深浅何处，下一网即可满载而归；临潭边随手放上几个鱼笼子或竹篮子，不到一袋烟的工夫，不用看，提起来就走，那活鲜透亮、撒欢蹦跳的鱼啊虾的，手轻手重的心里有数哩。

老城人个个都是烹调好手，特别是鱼虾的烹调。鱼虾是独龙潭的，水是独龙潭的，谈不上什么烧法，似乎没有什么讲究，可烧出来的鱼虾，在盘碟中似活如生,色泽莹莹;尝起来鲜嫩香醇、口舌生津,余味久久留在唇齿,香气回旋在五脏六腑之间。

老城人无论男女,都有个怪癖,那就是吃过鱼虾之后,是不会擦嘴的。自自然然地保持在唇边的是一种莫名的醉意和兴奋,仿佛长了不少的精神和意气,手脚舞动中挥洒出一种节奏和力道。

外地客很是歆羡老城人这样的风姿,很自然地入了乡随了俗,吃过主人盛情招待的鱼虾之后,也不会擦嘴,也爱把唇边的色香味保持下去,甚而带回自己的家乡去,也像老城人吃过鱼虾后兴奋地举手投足,仿佛不这样做,就有了对不住东道主的歉疚,损了吃过独龙潭鱼虾的骄傲。

只是让人莫名其妙的事儿还真多。

独龙潭鱼虾的鲜美,口耳相传,很快驰名大江南北,自然成了商家贩卖牟利的对象。可是独龙潭的鱼虾,听凭你如何养护、保鲜,一旦运出老城,很快即腐烂发臭,无法售出了。

有人不信邪,用独龙潭的水,还捞上独龙潭的砂子、水草、螺丝、还放进一些微小的杂鱼虾仔,几番试验,多方摸索,还真成功地将独龙潭的鱼虾,活蹦乱跳地运进了外地市场,卖上了好价钱。可任你名厨大师傅如何精心烹制,做出来的已是平常的味觉,和本地的鱼虾做出来的没有两样。这样费多大的劲终得不了好赢头,久而久之,自然没人去做这种出力连个吆喝也得不到的事了。

为此,八方宾客只有不辞鞍马之苦,舟楫颠簸的路途劳顿,亲临老城,方能食尽其味,味尽其鲜,鲜发其兴。

因此老城酒店林立,商铺多若雨后春笋,市井竞相豪奢。吃喝玩乐住行样样跟着热闹起来,而这一切应该多半归功于神奇的独龙潭鱼虾。

然任谁也没料到的是,偏偏独龙潭鱼虾的驰名和莫名其妙,怎地祸害了老城人,生生"吃跑了"千年的老城。

在世人心目中,独龙潭鱼虾的驰名和莫名其妙的情况,发酵着神秘和诱惑,这种神秘和诱惑,使得远近州郡的官吏,甚至京城的豪门世家,慕名而至。百舸竞发,车马兼程,纷纷攘攘,冠盖云集,好在老城大快朵颐,得慰夙愿。

甭管你东西南北,来的都是贵客,都是老城官吏或欲巴结、或欲联络、也或不能得罪的上官同僚。老城无论是官吏、百姓,都非常好客,待客之道是热情豪爽,竭尽所能;迎来送往,殷殷款款,唯恐不周。倾囊罄资,千金散尽,去成就老城的地主之谊。

只是长江黄金水道,官船如梭,往来无尽。县衙门上下,尽皆出动,恭迎侍奉,盛情款待,精心制作各样各式的美味佳肴,但总少不了奉上最经典的独龙潭鱼虾,自然让满座嘉宾交口称赞,气氛热烈,尽欢而散。

然而毕竟僧多庙小,食客无尽而民资有限,日蚀月削,日欠月亏。先是捉襟见肘,后是几任县太爷下来,办公经费全用进了招待不算,还是亏空无数,新陈相积,债台高筑;很多记在酒家馆舍和各类店铺的欠账,推来挡去,久欠难还;又加上商家、渔家、店家、佣户互相欠赊,纠缠不清;要不得,告不得,撑不得,无数的糊涂账,让老城人叫苦不迭。

店家纷纷关门倒闭,躲债追债逃离他乡的越来越多,苦苦支撑着的也已是冬天寒枝上零落的枯叶瑟瑟欲落。

面临持续不断、欣然而至的食客,老城的脸面是不能丢的。

平时的县衙门,八字大开,官威尚在,哄吓诈骗,一时还能敷衍过来,可一到县太爷任期届满,或调或升,脚底抹油,溜之大吉了。然新官上任就苦不堪言啦,老账不能不认,新账不能不支,可银子呢,能变银子的法子早被前几任用到极致,已经搞得民怨沸腾,老名目无法再用,新名目上又一时创不了新,又怕太过极端,激生民变,导致自己寝食不安,辗转难眠,后悔自己当初怎么瞎了眼睛昏了头,求爹拜奶,磕头送礼,到头来竟然撞上了这样的大霉头,于是被逼无奈,数度向上官申明舆情,欲求换任。

民怨官怨多种渠道上达朝廷,引起很多议论。面对乡井不稳,桑梓多难,朝廷有一位老城籍大臣,会同在京城的其他老城籍官员,集体奏议,多方奔走,促成朝廷恩准将县治迁往远离江津河渡的山阳镇,除独行峰老营一支驻军外,撤掉了老城所有的官署机构,只留下一个人烟稀少、满目萧条的空壳。

随着县治的迁址,原本繁华的老城,竟然被生生地"吃跑了"。

2012-08-22

做好自己

庄子说："独有之人，是谓至贵。"做好自己，方为人生的根本。

近日，有一位老兄告诉我，他有一个舅舅年逾八十，孤寡老人，多次从敬老院溜出来，最后只好随他自己一个人过日子。可一天突发脑梗死，经抢救过来结果却瘫痪在床。从老人抢救住院陪护，到出院照顾吃喝拉撒，几个月来基本上都是他在做着。他也花钱请过护工，可护工不到十天因忍受不了老人辞职而去。实在找不到别人帮忙，他只能咬牙承担下来。为不影响工作，他只能利用中午休息或下班时间，天天都是毒日下奔波、异味下洗刷和忧怜中牵挂；他为此吃着苦受着罪，而且这样吃苦受罪，还不知道要到什么时候。每当华灯初上，人们或觥筹交错，或散步纳凉，或翩翩起舞，他才疲惫而饥饿地回家。

可对这个情况竟有人说，现在人哪有那么好心，他不图什么谁信。初听非议，他的心凉似冰刀钝割，难怪有人说，好人不能做。他真想不管了，老人还有许多亲戚，还有"五保"，政府也会赡养，何必他来逞能呢。他也找过村里、街道，可存在许多困难，一时难以解决。

我敬佩兄弟有仁心道义，也知道他是憋屈了。生活中事不关己，任何人都可以说得轻松，甚至可以说得冠冕堂皇，但事到临头，谁都不免有些难受。我竭力宽慰我的兄弟，说些人间自有公道，勿论人心叵测，但求问心无愧之类的话，不痛不痒的，颇觉得对不住兄弟的推心置腹。

不过，细一想来，兄弟的憋屈又算得了什么。自古迄今，无论位尊权重威福齐盛如王侯将相，还是求天拜地战战兢兢如平民百姓，都有不计其数的蒙冤受屈。《窦娥冤》演绎的人间悲剧让多少人自比窦娥，窦娥冤死时发下的三桩誓愿还能一一灵验，终得洗冤昭雪。可关汉卿写不了誓愿无法灵验、无法洗冤昭雪的"窦娥"。

法国人帕斯卡尔说："人是一根能思想的苇草。"人与苇草的区别最根本的就在于人有思想，思想是人的尊严所在。我们每个人还得为生存奔忙，还得有基本的物质保障。不管什么人，不管他们的头上有没有光环，不管他们有多少社会符号，都会有他们的社会生活。"人是社会关系的总和。"我想从这句经典语录中进行一点肤浅的引申，任何人都是在社会生活与社会关系的互动下交织着各种利益和价值的追求者，真假、善恶、美丑等相对变化且错综复杂地表现在这种交织中，除非某些"演员"，谁能够那么纯粹呢？

我们做不了穷通中外经史哲、思接时空天地人的思想家或学者，但我们最起码能够做一个会思考、能思考的人。我们并不需要比苇草高贵多少，但最起码要对得起大自然所赋予的这个称作人的生命。怎样让生活不盲从、不迷信、不困惑，怎样让生活有准则、有精神、有格调，这就需要我们做会思考、能思考的人，健康做人，说到底就是——做好自己。先别苛求他人，做好自己。我们都讨厌那种"马列主义对人，自由主义对己"的嘴脸，我们自己得警惕不要一不小心就玩起"变脸"。"致君尧舜上，再使风俗淳"是诗圣杜甫的理想，但我们人人都能够追求这个理想，即做好自己，让自己的心灵健康。

我要对我的兄弟说，不必憋屈，你正在做好自己。

2012-12-13

怪 味

我等的特1路公交车终于到了,外面的春寒让我迫不及待地跳上车,打卡往后面走去。车上,人不是很多,但行李不少,大旅行箱、大尿素袋占满了不太宽敞的空间。

突然闻到味道了,很不对劲的气味。找个座位坐下来,气味似乎更重了。我东张西望,想找出怪味的源头,可是没发现什么异样,没有脱鞋的,也没有吃什么怪味食品的,除了旅行箱、大尿素袋,放在腿上的手提包、购物袋,没发现地上肮脏的黑塑料袋什么的。

或许真的没什么怪味的源头,但真真切切是一种怪味。实在是难以忍受,说不清是什么味道,应该从来没有闻到过的,汗脚味不是,死鱼味不是,狐臭味也不是,也分明不是榴梿的本味。但这种种又好像都有,混杂在一起的腐臭,在有些闷热的车厢里发酵着,冲进我的鼻孔,爬上我的肌肤,钻进我的毛孔,实在让我忍受不住,欲裂欲爆了。

之前,车上的乘客多歪在车窗、椅背上或耷拉着脑袋打盹儿。我想打开车窗,换一换窗外的空气,可窗子都被他们死死地歪着、靠着。我顾虑太多,我不能弄醒他们,说不定他们很困很累,说不定他们正在做着好梦,坐公交车的人绝大多数都是老百姓,做个好梦不容易,我不能做残酷的事情。我还怕打开窗子,他们受不了春寒料峭。

我更怕惹来事情,撞上心情不好、烦躁不安、憋屈气胀正无处发泄的主儿,加上我正被怪味折磨得头疼脑大、难受至极,冲突起来,那岂不是一场战争突然爆发,我保证我不会还手,但不能保证控制得了局面,后果更是难以预料。在我还有许多事想做、要做之时,还是省省事为好,还是忍忍吧,"小不忍则乱大谋",到我的目的地,也就一个小时左右。多么短暂的时间啊,忍是人生的必修课,何况是短暂的,许多事忍一忍就过去了。

公交车一直往前方开着,也没有什么人上下车,我一直与这车上的人和怪味同行着。我动了动身体,扭头看向窗外。窗外的阳光和空气一点觉不出寒冷,也觉不出什么怪味,近处房子和草木,或是骑车的和行走的,都朝我的后面奔跑着,都像赶往一个好光景。只有远处的青山绿水一直陪伴着我,还有山水之上的天空中悠然亮翅的鸥鹭撩拨着我,让我傻傻着生了些自由自在的心思。

　　不知过了多久,车子钻进密密丛丛的房子里,先前窗外的景象不见了,我转过头,突然发现,车厢里怪味我闻不到了。

2015-02-19

环保古今谈

当前随着气候的演变、战争的频繁、人口的急剧膨胀和机器大工业的迅猛发展，特别是石化工业的飞速发展，环境污染和生态破坏已经到了一定程度，"应运而生"的是环境保护、环境保护组织、环境科学、越来越强烈的环保呼声以及越来越严格的环保行为。然而这些在中国古代两千多年前先秦的许多典籍中都能够找到相当丰富且极为科学的保护环境方面的文字，我国先人在保护环境上的真知灼见当令后人深思明鉴。

《孟子·梁惠王上》有这样一段文字："数罟不入洿池，鱼鳖不可胜食也；斧斤以时入山林，材木不可胜用也。""数罟"是细密的网，"以时"即按照适当的时间，这两句翻译出来就是"细密的渔网不入池塘（捕鱼），那鱼鳖水产就吃不完了；按照时令进山砍伐林木，那么木材便用不尽了"。它强调对自然资源的利用要节制和有序，这可以说是最早的可持续发展的鲜明观点。

《管子·地数篇》中也有主张封山的说法。"苟山之见其荣者，君谨封而祭之。距封十里而为一坛，是则使乘者下行，行者趋。若犯令者，罪死不赦。"这句翻译过来就是"如果发现山有矿苗，国君就该严格封山而布置祭祀。离封山十里之处造一个祭坛，使乘车到此者下车而过，步行到此者快步而行。违令者死罪不赦"，这里也有强调禁止滥采和养用并重的意思。

《荀子·强国篇》还提出了以"义"调节人与物的关系和原则，"夫义者，内节于人而外节于万物者也"。"节"乃调节、限制之意，在对待自然资源上同样需要"戒奢以俭"。

这些保护自然环境的思想，不仅存在于哲人学者的论述中，而且还成为国家的法律。《逸周书》《礼记》以及《秦律》上都有，如祭祀不能用母牛，定期封山，不准杀虫胎、覆鸟巢，春夏禁止伐木等保护自然环境、开源节流的法律条文。这些文字可能是世界最早的环境保护法了。

当然，中国古代的保护环境的思想，更重要的是作为社会、政治理想的一部分提出来的。老子的"不知常，妄作凶"的忧患体现其丰富、深刻的生态智慧，孟子的天人和谐思想是其"仁政"思想的组成部分,荀子的保护环境思想本也出自建构理想的《王制篇》和《强国篇》,管子封山的目的原主要是为帮助齐桓公"立功成名于天下者"而敛财,但这些都深刻影响着古人对自然的极大尊重,从而直接开创了中国源远流长的保护环境史。

当代的环保某种意义上是自然环境被严重破坏后而"倒逼"出来的,虽然也要建设资源节约型、环境友好型社会的一种环境文化、环境文明,但目的是环境自身,多是从"人类中心主义"出发,从重视人类本身价值出发来开展环保的,将人类的命运与环境保护统一建立在科学的理论体系中,这种"治患于已然"显然与古代"防患于未然"有所不同。

在"幸福生活"的指引下,有的人拼命地挣钱,不停歇地拥有更多的房子,房子追求更豪华的装饰,饮食无度,衣用时尚,奢侈之风甚烈,不少人热衷追求财富,人世间差不离无法安放那颗平静知足的心。

人心如此,索取终归指向自然,有限环境,无限欲求,所以保护环境还需借鉴古人节制和封禁之法,"戒奢以俭"。

2015-03-18

行走的生命

斯芬克思之谜中，那个早晨四条腿、中午两条腿、晚上三条腿的动物，被俄狄浦斯猜中了谜底，答案就是我们人类。人类的生命起点和终点当然离不开爬行和拐杖，但真正意义上的人类只有两条腿。在天地之间，在健康的历史年代，作为人的存在，从来都应是顶天立地的，从来都应是阔步向前的。可以这样说，人的生命意义就是体现在人的两条腿不停行走的过程中，生命不息，行走不止。如果我们将人的一生比作四季，那么人的一生就是行走在春夏秋冬四季中。不论哪个人生季节，生命的坚韧和境界都因为行走而升华和开阔。

濮溆的第二部诗集《在秋风的扉页上行走》行将问世。正如濮兄在该诗集《后记》中所写的"我生命的丛林已渐渐步入叶黄枝疏的季节"，这部诗集由此让我真正认识到一个行走在人生秋季的壮年诗人的生命情怀和诗画人生。当我读过他的第一部诗集《心灵之旅》时，我体味的是如夏之花的浓浓诗意，在我有幸先睹他的《在秋风的扉页上行走》时，分明是一阵阵淡淡的秋之暗香萦绕我怀。

此前，濮兄曾告诉并征询我，诗集的名字《在秋风的扉页上行走》是他心中激灵一动，一种不能自已的情怀长久地攫住他、感动他而起的。我建议他的诗集名字不如就叫《秋风行》，而濮兄过了几天仍然坚持这个集名，说是他听从内心的声音，顺应这份久违的感动。后来诵读他这部诗集的每一首诗歌，认真感受、品评他每一首诗歌——或单一或多重的主题、或叠加或穿缀的意象、或惊奇或含混的语言张力，我才渐渐明白濮兄为何如此坚持了。

《在秋风的扉页上行走》共包含八十首诗歌，内容主要关涉爱情、亲情、理想、自然和时空，显示出一个壮年诗人行走在秋风的扉页上的丰富含义。我不是文学教授，也不是诗歌评论家，无法对该诗集做出高屋建瓴的赏析，无以发出让人期待的崇论宏议，只能凭一己之见做一个粗浅的理解。

生命行走在多姿多彩的岁月中。岁月是生命存在的时间长度，只有岁月才能让生命彰显风度和光彩。濮兄的诗歌所歌唱的生命行走是多维而丰赡的。

有行走在记忆的岁月的:《曾经》《老屋,一个衰落的音符》《怀念,在母亲节》《遥望清明》等,每一处刻骨铭心的记忆都叙述了一个个并不需要情节的生命故事,都光亮了生命不断成长的节点;有行走在现时的岁月的:《三月的畅想》《四月,这江南的雨》《风韵五月》《九月的风》等,春夏秋冬的季节更替丝毫没有改变一以贯之的生命的细腻感受和体验以及日月精华的吸纳涵泳;有行走在未来的岁月的:《为梦自嘲》《梦之殇》《梦中涅槃》《面对行程》等,有梦就有未来,有梦就有青春的坚守,有梦就有热血的畅流,即使梦想会遭遇破灭和痛殇,也不会阻遏行走的生命萌生新的梦想。

生命行走在情切意浓的自然里。人是最受青睐的自然之子,尊重和感激自然、善待和保护自然,都是健康人类认识自身生命依归和价值取向的理性基础,融入和享受自然就是保持本真的天性之举。濮兄的很多诗章都是这种建构在理性认识之上的诗意表达。例如:"炊烟在白墙黛瓦间飘浮/越过竹林的枝头/旋绕在几束光柱"(《美丽的傍晚》);"所有的绿色/疯狂地生长/那些正值发育的树/被青春撑开细细的裂纹"(《午后》);"最后的一滴水珠/知趣地挂在枝头/清晨的柳岸/微风和着点点翠绿"(《三月的畅想》);"在这样的岩缝里/一棵不知名的树/凌空飞扬"(《生命在峭壁上升起》);"面对泥土/我情不自禁俯下身体/倾听树木生长的声音/和鲜花盛开的笑声"(《面对》);"曾经幻想我们定居在某个湖岸/时间在袅袅云霞上凝固/月光在山的曲线上/遥听远处的蝉音"(《曾经》)。每一首,每一节,多愁善感的文字,都饱含诗人对自然的拳拳眷眷,都观照出诗人心中的山水田园。

生命行走在血浓于水的情感里。生命存在于情感里,诗的生命也存在于情感里,而行走在诗之王国的真正诗人,他的情感往往更显得强烈而深沉、丰富而敦厚,任凭风雨的冲刷、泥沙的湮没、利欲的熏染,也无法稀释它、埋藏它、腐蚀它,而会历久弥新,久封益醇。我所认识并尊敬的濮兄,就是这样的诗人,他的诗歌无不藉精心独特而浑然天成的意象宣泄着至真至诚的情感。例如:亲情的有"还在故乡的池塘边/等待母亲的槌棒声/迎来三月的蛙鸣/等待父亲扛着木犁的身影/消失在四月的田头"(《梦中故乡》);爱情的有"微风吹雨点点翠绿/牵动很多相爱的回忆"(《三月的畅想》)及"一阵游鱼/击碎星星的倩影/几瓣花开的声音/惊醒荷叶上打盹的蛙/惊醒埋伏在荷塘里的爱情"(《听月》)等;乡情的有"如果一波波秋风/忧伤如游子的乡愁/我愿是故乡的一缕炊烟/沿着月光的方向/为思念的窗口/送去家乡的味道"(《秋语》)及"牧童的山歌/随心所欲/流溢出阵阵乳香/粗茶淡饭哺育着灵魂/只为在/日出日落的田间地头/守望着青禾麦浪"(《无忧的天堂》)等。作为诗人,牵系他的情感岂止如此,人世间的生死离别、成败得失、悲欢休戚,无不时时刻刻纠缠和困扰着他,让他心生悲悯之心,让他牵挂心痛,让他情不自禁。

　　人因为思想而获尊严,也因情感而润泽生命,然而生命皆因行走而光荣,皆因行走而快乐,无论坎坷艰险多少,压力责任多重,都会风雨兼程,在生命的旅途跋涉行走,一直向前,向前。诗歌如此,人生更是如此。

2015-03-26

伍度理论

我的一个老同事姓伍，是一个真诚的很爱思考的人。

他对职场中的人际关系非常感兴趣，业余时间里，总是注意了解、关注、搜集这方面的材料，并对此认真梳理，写了一段文字。虽然他理论水平跟学者教授差远了，也不会把简单明了的话说得那么艰涩深奥，但我还是很喜欢他的文字。它不是来自图书馆资料室，也不是漂洋过海带回来的洋码子，而是接地气、有生气，实实在在的现象分析、问题思考。我觉得这点很好。

这段文字里，伍同事将职场和社会上人与人之间相互关系的质量分为五个梯度，分别是亲近度、信任度、平等度、依赖度、从属度，这五个梯度又是五种各具内涵的质度，并融会贯通地把它们的顺增和逆变关系拉近成为一种平民理论。刚好我的同事姓伍，是他真正思考而创造出来的，所以我将它起名叫"伍度理论"。

"伍度理论"为了简明惜墨，分别将亲近度、信任度、平等度、依赖度、从属度用汉语拼音以首字声母来简称它们为Q度、X度、P度、Y度、C度。这五个质度各有自己的内涵和标的，具体表述如下：

Q度：层级最高，良性丰富，包容度最高，兼有X度、P度，而没有Y度、C度。

X度：层级次高，良性次丰富，包容度次高，兼有P度，而较少有Y度、C度。

P度：层级、良性、包容度介于X度与Y度之间，兼有Y度、C度。

Y度：层级较低，良性不佳，缺包容度，接近C度，存在危害性。

C度：层级更低，无良性，更缺包容度，危害性强。

Q度、X度、P度等级由高到低，但发展历程分别是P度、X度、Q度由低到高，逐层上升。Q度、X度、P度存在越多越佳，而Y度、C度是由低到高，Y度、C度存在越少越佳，或者说依赖度、从属度越低越好。

"伍度理论"并没有过多思考个人关系，而是延伸到社会关系，站在社会关系上来思考问题，虽然它的思考是那么简单和肤浅，但毕竟触及某些关键点了。

Q度、X度、P度在现实中是有一定存在的，但按比例来说还是不够高的。

职场、商场和社会很多场合上的P度、X度、Q度还远远没有浓厚起来,很多地方还在上演着"傲慢与偏见",猜忌、排挤、冷漠和麻木平常人平常就能感受得到,这让我们无比期待P度、X度、Q度的春天。

Q度、X度、P度的整体实现的社会条件和要求虽多有差别,但在本质上都需要深厚的基础和极高的要求。文化上积极因素必须主导社会,公众受教育程度普遍很高,三观正确者成为社会主流,整个社会充满和谐。

Q度、X度、P度实现无疑是漫长的过程。无论改良还是革命,总之是急不得的,必须是渐进的,符合人类发展规律的,得一代又一代人清醒地努力下去。甚至它们还有可能倒退和反复,这必须靠一代又一代人永恒努力下去才能够实现。

Y度的存在现状在当代令人尴尬。家庭的层面上,孩子对父母的Y度很高,孩子从生活、学习、就业、婚姻和生育的帮带、成长直至长大成家基本没有停歇过对父母的依赖。此外,还有学习上学生对老师的依赖,工作上对领导的依赖,组织上下级对上级的依赖,等等。自立自强和独立自主已成为一种宝贵的品格,按照"物以稀为贵"的规律思考,这种品格在现实中是稀少的。想想"富二代""官二代""啃老族"这些词,无不说明Y度的普遍存在,也能够说明我们这个社会某些人早熟后的不成熟。

伍同事独独对C度语焉不详,不知是水平不够,还是别的什么原因,几乎没有什么表述。只是说道人类历史从一般说法的奴隶社会、封建社会、资本主义社会到社会主义社会,C度是越来越少了些,从此能看出历史的进步。

"伍度理论"最后总结道,健康社会应该远离Y度社会和C度社会,逐步从P度社会发展到X度社会,最后实现Q度社会,这必须一代又一代人清醒地努力下去。

伍同事的"伍度理论"其实说不上理论,但可见他有一颗真诚的爱思考的心。我既觉得他的文字有点新鲜感,又觉得他让我也爱思考了。

2015-04-16

穿梭公交的感念

　　说出来我就不怕人笑话,没有私驾,倒还能神闲自得,毫无惭愧,也算是有点心理素质了。

　　其实,站在时代发展和行为效率的客观立场上说事,我并不否认自己的行为落伍,也不掩饰自己蹭车中有时冒出过的愧意囧态。这个愧囧,颇如多次吃了别人豪华盛宴却只能在排档中做东一回,又似个布衣布鞋的庄稼汉跑到了西装革履的绅士群里,还像个捧着个粗瓷大碗大口扒拉着饭菜却坐进了西餐厅,难免有淡淡的酸涩味道。

　　愧囧并未止绝我的随缘蹭车,但坐公交车总是我出行的主选。或许我这人处身问题,公交车坐久坐多了,竟坐出个癖好来,三天不坐公交车就浑身不那么自在。可也不能无事无由地坐公交车,好在上班离家远,单位又正好没辆接送车,这样一来,就好比旧体制里不愁没有老虎苍蝇,名利场上不愁没有精心炒作,娱乐圈里不愁没绯闻一样,我是不愁没有公交车坐的了。

　　坐公交车是允许胡思乱想的,这胡思乱想中就有将坐公交与私驾比了起来的可笑杂念。没有私驾却谈什么坐公交的好处,岂不是没吃过山珍海味鲈鱼大虾却说它比不上青菜豆腐好吃一样的可笑,但也正是青菜豆腐能让我有好胃口一样,坐公交车能让我的见闻、感念撒欢任性。

　　常会遇上公交高峰期,踩了脚,挤了腰,乱了衣饰,破坏了发型,多不大恼,一个对不起就会让人谅解,虽大多是陌生人,但彼此依靠中多包容了你我,多一样跑生活,多一样活得有些累,也就多了点同舟共济的味道了。

　　公交车上讲究先来后到,争抢座位现象有时难免,但除了设置爱心专座或礼让座位外,没有什么人特别地私下安排位子的,不管什么关系和身份的人上车,没有空位就只能一直站着,这还真能让人体验一下社会的平等了。

　　一旦有了座椅,公交车里轰鸣喧闹、颠簸起伏,这可不就是别样的摇篮眠歌吗?我尽可以闭目养神,打盹小寐了,不输沙发席梦思的,多少疲劳辛苦在轰鸣颠簸中化为乌有。我也尽可能思无所思,想无所想,事归无事,物在有无,神飞云水间,意定万象外,进入一个阒寂无边的湛蓝了。

　　春夏秋冬，坐公交车看风景可以任性，公交车就是移动观景台，远望天地辽阔无边，山川风月尽揽于怀。幸运的时候还能看到雁阵征远，对鸥翩翩，孤鹰盘旋。近观公路两边草木葱茏，景观优美，楼宇鳞次栉比，人物有忙有闲，或密集或稀疏，各有所为，各有所乐。而所有这一切有时停留眼稍，多时则后退而去，恍如过眼云烟。

　　公交车上流水的乘客，或单或群，多为各色各样的我等小人物，虽公共场合人都难免有点"装"，但都会有较为本色的"演出"。只要稍微注意一下，就可以享受到独具一格的生活小品，粗糙的，原生态的，又随性的。有独角戏，有对手戏，还有滑稽戏；有情景剧，也有荒诞剧。车厢就是舞台，乘客既是演员，又是观众，自编自导，都颇为精彩动人。

　　那日，我就偶遇一幕情景剧。小伙与姑娘一起上了车，小伙短发，长相一般，但人生得特别的精神；姑娘鸭蛋脸，额头生得高，皮肤白皙，眼角有些细纹。他们并没东张西望找座位，小伙抓住一个拉手，姑娘也抓住一个拉手，两人都笑容满面的。小伙子个高，低头望着姑娘笑；姑娘个儿矮小些，仰面迎着小伙儿笑。两人的眼眸都晶晶亮，一直不时地笑嘻嘻说着什么。车一会儿刹车停站，一会儿拐弯绕路，两人有时站立不稳，自然地偎在一起，但两人的目光俯仰着、对视着，并非那种神情凝注的深情款款的态度，一切都是很自然的、平静的，连嘴唇都微张不合，皓齿如弯月，从上车开始一直都是那个样子。我不知道他俩是什么关系，是大学同学、公司同事、一对情侣，还是小夫妻，但不管他们怎样的关系，在一起很投缘、很开心，这就够了。身份、关系不重要，在一起投缘、开心才重要。他们下车了，消失在我的视线中，以后不再邂逅，就像很多曾经拥有而不再相逢一样。只是我还是有点惦记他们，希望他们不论什么时候，不论什么关系，都能那么投缘，那么开心。

　　这些公交车上的情景，让我颇有感念。我感念同事、朋友能接受我的蹭车，更感念游动在街道、穿梭在城乡的公交车。乘车难免耳闻目睹些尴尬与不和谐，就如权威报刊难免败笔、工程项目难免暗箱、经典赛事难免滋扰，岂能立马风清弊绝呢？但我愈来愈多遇到的，是事实，是希望，是一种穿梭的民众生态的文明。

2015-06-11

父母的底线

不知何时，道德底线、法律底线、做人底线，底线成了一个热词。可有时却热到让人发昏的地步，昏到不知底线或没有底线的程度。

许多清醒的人对底线的呼吁和追求已经到了歇斯底里的地步，对底线的坚守甚至生发出了一种悲壮的情绪，虽然他们对底线的认知各有异同，但都在某些现实的倒逼下产生了鲜明或强烈的底线意识。

或许是耳闻目睹了太多的家庭教育问题以及由此导致的悲惨结果，抑或是远近时空里太多的使人悲切的父母牺牲史深深触动了我，我因此而呼吁这样的底线——父母的底线。

那么父母的底线到底在哪里，又是什么呢？

我想先从几方面基本的现实或事实说起。

第一，教育上对子女大量的近乎盲目的经济投入。从幼儿园小学各种各样的兴趣班，到中学各种形式的补习班，还有飞往世界各地的出国留学，父母不管有钱无钱，但都舍得花钱，"再穷不能穷孩子"。

第二，生活上对子女物质要求的无原则迁就。一般家庭经济收入总是有限的，父母拼命挣钱加上节衣缩食，但对孩子是衣来伸手、饭来张口，衣服鞋子要穿名牌，变着花样要钱，花钱流水一般，整个一个"富二代"做派。

第三，婚姻上特别是男方父母的沉重压力。在子女立业上求亲靠友不算，在子女婚姻上更是倾尽所有。从购房到装潢，从订婚所需到接亲彩礼，热闹排场的背后是父母严重的债务饥荒和还债之苦。在孙辈出生的欢喜之后，又是子女家庭的"带薪保姆"。

第四，精神人格上对子女教育的偏狭和缺失。由于从小过于关注子女的学习成绩，反而严重忽略行为习惯和精神品格的培养，致使很多子女自我膨胀，极端自私，不守规则，缺乏责任，苦熬高中三年"金榜题名"的很多年轻人疯狂迷上了游戏、恋爱和交友，所有这一切全由父母买单。所谓大学"毕业"后又成了"啃老族"，丝毫没有羞耻之心。

然而导致这个结果的责任谁来负责呢？我们的子女理应好好反省、痛悔既往、勇于改过，而说句客观的话，我们的父母也是难辞其咎的。老实说，问题的根子就出在我们父母身上。

父母在所谓"绝不能让孩子输在起跑线上"的煽动下，逼着哄着诱着孩子放弃本该属于他们的玩耍，剥夺孩子天性和自由，小小孩子却承担巨大学习压力，最终自觉不自觉地让子女成了家庭的"皇帝"或"上帝"，而这样的"皇帝"或"上帝"长大了呢，在不该玩耍时却任性堕落般地玩耍。是父母把自己的人生路线图圈定了以孩子为中心，为孩子念书拼命挣钱攒钱，为孩子买房买车拼命挣钱攒钱，为孩子的未来拼命挣钱攒钱。自己过着穷人般的生活，却把孩子教养成了"富二代"；自己在拼命奋斗，子女却似在养老享受。谁之过，这还不清楚吗？

这个结果对于我们父母来说，绝对太过残忍，残忍到心里滴血。

我们的父母在家庭中太富有"牺牲精神"了，不可救药的"牺牲精神"，而且都是以"爱"为名义，或以"没有办法"为有些悲壮的理由。他们践踏着自己生命的底线意识而浑然不知，或者根本在他们心底从未存在过一个底线。

在"爱"的名义下，在衰老、疾病和无助时，父母能得到多少尊重、回报和爱呢？很多无底线的"爱"出来的子女多成了不孝之子，崇拜物质而漠视亲情，不少父母注定了成了所谓传宗接代的牺牲品。

一个家庭数个家庭出现问题倒没什么，但无数个这样家庭出现了问题就是社会问题、民族问题了。我们有数亿家庭、数亿父母，他们对孩子的教育实际关系到我们整个民族、整个国家。因此，我们的父母要把逼孩子学习匀一部分逼自己学习，把寄托于孩子的梦想留一部分给自己努力，把给孩子的爱匀一部分爱自己，把自己要吃的苦匀一部分给孩子，把自己肩负的责任分一些给子女担负。这就是我们做父母的底线。

最后送给父母一句古人的话："父母之爱子，则为之计深远。"

2015-07-03

受训与守训

受训，接受他方的培训、训诫、导示等；守训，坚守自我之操守、原则、信条等。

受训常为外在的学习、活动形式，守训则是内在修炼的秉持和操行。

受训的过程与结果是守训的前提和基础，而守训当是受训的初衷与指归。

受训是常态和动态，而守训则是固态和恒态。故此所受之训于接受者必然有个认识、理解、筛选和吸收的过程，并且是不断的持续的；而所守之训必定有一个形成、考验、深化和执守的阶段，并且经过此阶段后，守训成为一种品质和人格。

所受之训当为人类长期实践活动中或发现或检验或创造的客观规律性的成果，是普遍真理，绝不是某些权势权术场中的自命不凡、自以为是之辈百般营销的空洞花哨之物和似是实非的诈伪之理；所守之训必然要去伪存真、去粗取精，必然是尊重规律、实事求是的道德良知和行为准则。

受训于成人成事，十分必要且非常关键；守训则于做人做事，至关重要且生死攸关。

受训和守训是百业发展、兴盛的保证，是社会安定、和谐之表征。

健康之社会，人人皆当受训，时时皆当守训。

教师于民族、国家、社会和他人具有个人形象和职业行为的特殊性与深远性，教育的作用和价值必须通过教师的形象和行为导示去实现，显然，教师的受训和守训尤其意义非凡、举足轻重。

教育行政主管部门、教育科研机构、师范院校于教师培训高度重视、积极组织、大力运作，正是基于对教育和教师队伍发展和历史贡献的战略构想和实践举措。

常言道，细节决定成败。教师培训既要宏观谋划，又要重视细节，必须思考如何尊重与调动教师个体的受训主体性和能动性，更要关注教师个体守训的实际态势与现实考量。

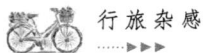

　　而教育发展历程中,存在着诸多的问题和矛盾,社会大潮的冲击似乎使"守训"变得艰难,"学"不再求高,"身"不能律己,对此我们岂能掉以轻心?

　　受训容易,守训为难。

　　训要常受,更要长守,唯其长守,方得大成。

2015-09-10

谁来教育家长

谁来教育家长,这真是个大问题。

首先明确一下这个问题中家长的概念:学校常用称呼,指中小学生等未成年人的父母。

其次明确一下问题的背景:做教书育人事业的我长期面对学生时必须面对家长,教师和家长是未成年人教育的天然搭档。这对搭档有较多完美合作实现成功的范例,但也有彼此因自身问题而导致失败的遗憾后果。教师问题自有管理部门、监督机构和学校对教师进行教育,教师又富于自我反思,而家长问题由什么部门负责,谁来教育家长?

"家长学校"能够担负这个重任吗? 很多地方办起"家长学校",多少有些形式主义的色彩,或许能够做出一些贡献,但面对太多的家长问题,"家长学校"恐怕力不从心。

先概述一些关于家长的事实,我们来看看有无代表性,来看看都是些什么问题。

离异时的家长在孩子面前无底线地拼命互撕、灌输仇恨,其中有财产的争夺和孩子的推脱,等到对簿公堂孩子已经遍体鳞伤,加上家长离婚前的"战斗"和离婚后的遗弃,使得孩子身心受害程度无以复加。当然理性分手又能共同分担子女教育的无害离异也是有的,但无论过去还是现在都可能是寥若晨星。

相当多的家长在很多方面缺乏身教意识和真善教育。我直接看到的情景能够信手拈来,恐怕每个注意这个问题的人都能够信手拈来。给孩子感受甚或灌输金钱至上的,要求孩子在外面学"神气"的,当孩子面说谎且要求孩子不要实话实说的,和孩子在一起出口成"脏"的,带着孩子乱闯乱扔乱来不守规则的,当着孩子面明知己错却恶语攻击、毒打他人的,不孝敬赡养老人的,带着孩子去湖边电鱼的,包庇孩子违纪违德屡教不改的。这些例子举得我恓恓惶惶,内心莫名难受起来。

大多数家长对孩子的教育相当重视,却又相当偏颇,分数挂帅下普遍追求智力因素的培养,而忽视甚至无视非智力因素的教育。期待孩子是听话(服从)、好学(高分)、懂事(乖巧),生活上是悉心的照顾,物质上是无条件的满足,精神上是绝对的中心。这种教育环境下长大的孩子单纯的知识、应试的技能都有所增长,而孩子的品德、意志、创造、想象、个性等许多极其重要的方面却未能得到培养,这些孩子很难适应复杂的现实,缺乏宏大的人生格局。这是舍本逐末的教育。

这些到底是什么问题呢,话说回来还是教育问题。说到底今天的家长不还是昨天的学生吗,然而历史不容许倒转,问题还需从现实出发。

那么究竟谁来教育家长? 我想教育家长者正是家长自己。

家长必须清醒认识自己成为孩子的第一任老师的重要性。我们很多家长还没有懂得"第一任老师"的价值,没有意识到自己对孩子的"奠基"教育将影响孩子的一生,没有认识到"身正为范"。父母对孩子的教育关键不在于学历多高、文化多高,不在于语言多美多妙,而在于父母自身的行为是否正派,是否健康,是否合理合情。父母在生活上、工作上,特别是在孩子面前的言行,具有巨大的榜样性、潜移默化性、不可替代性。

家长必须敢于、善于教育自己。家长不要以为自己已经毕业某某学校,学习可以休矣,其实结合工作与生活的学习永远不会毕业。家长应提高自身素质、修养和胆识,不断完善家长自我,获得家长做"第一任教师"的资格。教育家长不妨学学动物的教育"智慧",如母马的追赶游戏教育,小鸟必须聆听大鸟的歌声,小猫捕鼠的实战教育,蚂蚁搬物的合作教育,等等。教育孩子既付出兼有感性和理性的爱心,又必须掌握相应的能力和方法。

家长必须借鉴家长教育成败的经验教训。成功的教育本质是一样的,但失败的教育各有各的原因。遗憾的是很多成人认识不到自己的恶言恶语甚至恶性疯狂很可能给孩子带来致命的"身教",认识不到自己的卑劣、恶俗甚至畸形溺爱是祸害孩子的致命要素。因此,家长必须借鉴家教成败的经验教训,充分认识自身的良好修养不仅会成全自我,更造福未来。

教育是一项很复杂的系统工程,牵涉面之广,是任何一种职业无法比拟的。无论学校教育、社会教育还是家庭教育,问题的关键都出在成人身上,孩子是成人的影子,因此成人自我教育十分重要,而家长的自我教育又是最为直接、最为关键的。

马丁·路德·金说过：一个国家的繁荣，不取决于它的国库之殷实，不取决于它的城堡之坚固，也不取决于它的公共设施之华丽，而在于它的公民的文明素养……这才是真正的利害所在，真正的力量所在。

作为公民，于国如此；作为家长，于家何尝不是如此？

2016-04-12

我的两个校训

最近自媒体上出现了有关教师的许多新闻,竟然多是些负面的事情。

某些自媒体为什么热衷传播教师负面的东西,恐怕既有"好事不出门,坏事传千里"的不良风气作怪,又有某些自媒体自身复杂背景运作下的不纯动机和不良用心。总之,我对某些自媒体对教师的表面猎奇、实怀叵测的宣传是有些担心的。

我们普通教师期待自媒体坚守客观公正报道的同时,我们更需要做什么呢?

这让我想到两个校训,训诫我的两个校训。

我现在工作的学校是北京师范大学芜湖附属学校,校大门门楣上启功先生1997年题写的"学为人师 行为世范"俊朗飘逸的八个大字赫然在目。又有幸参加了北京师范大学组织的一个较高层次的师训,我现场聆听了顾明远先生的报告,报告的核心仍然是"学为人师 行为世范",着实经历了一场难得的精神洗礼,感受到来自教育大家的春风启迪。在专家介绍北京师范大学这个校训时,我油然生出刻骨铭心的亲近和欢喜之情,因为我和这个校训应该说有几十年的缘分。

1979年9月我考进南陵师范学校。走进校园,首先吸引我的文字,是那八个醒目矗立在主教学楼上的红色大字,它就是"学高为师 身正为范"。同学们都被神奇地吸引在八字创造的青春世界里。这八个字的道理、精神、训诫就像阳光、空气和水,渐渐茁壮了我而成为于社会有用之才。理想年代的我树立了为师终身的目标,并紧紧围绕"学高"和"身正"的师范核心和苛严要求,努力学习,刻苦锻炼,以使自己成为一名合格的教师。

从学生到老师,从"学高为师 身正为范"到"学为人师 行为世范",两个校训只遣词微异,实质相同,对学生和老师的告诫基本不变。当然"学高"是"为师"的条件,也是"人师"的条件,更是"行为世范"的条件;当然如果有理想欲当"人师",欲为"世范",就必须推重"学"和"行"。

我查到北京师范大学校训应该出自《颜无繇字路鲁人赠杞伯》中"人谁无子，尔嗣标奇。行为世范，学为人师"。颜无繇颜回父子都与孔子关系密切。时人称"父子异时事孔子"，而父子俩都堪称"行为世范，学为人师"。可见这个校训是极有渊源的。我母校的校训，也是借鉴而来，作为师范学校的校训，是恰当不过的。这两个校训虽相隔近二十年，但都有旺盛的生命力和巨大的感召力，都是新的历史条件下对中国优良传统的继承和弘扬，更是一代代教师必须坚守的履职誓言。

三十多年来的风雨历程，我始终不渝追求着"学高"，砥砺着"身正"，用心体验着教师的多味多彩境界，能够让整个过程彰显生命的价值和幸福。过去和现在我都以这两个校训为喜，尤为欣慰的是，我守住了它们。

面对太多挑战和问题，不管世事风云变幻，我们更需要做什么呢？

2016-09-23

也说"关键"

近读耿书丽主编的《避免课堂失误的50个细节》一书,觉得该书突破了有些传统教育理论著作刻板教条的说教方式,从目前教学实践中出现的课堂失误的常见问题和困惑入手,结合比较丰富而典型的课堂教学案例,多角度剖析存在的问题,借助现代教学理论探寻解决问题的策略,还是有些借鉴和启发意义的。

但编者认为,教师避免课堂失误的能力是教学能否正常进行并取得成功的关键因素,且大谈细节在避免课堂失误中的决定性作用,笔者对此有些不敢苟同。

诚然,在一定而必然的前提下,细节确能决定成败。这方面的例子甚至富有传奇性的故事俯拾即是,但多是事后诸葛亮般的偶然性夸大和小说家的离奇演绎,多少有些哗众取宠和本末倒置,而且细节属于技能、能力范畴,有些能力至上之嫌,而以成败论亦不可取。

从长期教育实践和结果出发,实事求是地说,避免课堂失误、确保教学长期正常进行并取得真正成功的关键因素是能够成为真正的教师,处在科学教育体制下的师德。

除了特殊时期特殊背景下急需大量教师而不得已门槛过低的教育尴尬阶段,能够成为一名教师,必然经过中高等教育、实习、挑选、考察、聘用等比较严格和科学的程序,必须具备相应的条件和一定的能力。在一定年份的教学教研的实践过程中,绝大多数教师默默工作、积极奉献,都会积极而主动地呈现出"教学相长"的教育境界。大多数教师的教学能力,包括所谓避免课堂失误的能力都会具备并日渐成熟,故此,能力不是问题,更不是关键。

为什么说关键是处在科学教育体制下的师德?其实这是一个再浅显不过的问题。能力是逞一时一事之力,师德却是一生一世之本;能力是做得了做不了的问题,师德是做得好做得坏的问题;能力是术、末,指向面窄,而师德是道、本,涵盖深广,真正不可同日而语。试想:师德好,热爱学生,热爱教学,能力必定渐强；而师德出现问题，能力强也会渐偏渐疏；师德好，他的课堂有失误也属正常，而师德出现问题，能力强者也只能避得一时之误，但长期终会贻害学子。

师德离不开科学的教育体制，科学的教育体制亦会在师德上得到验证。师德既来自传统师道的精华承接，也来自世界一切先进教育文明的兼收并蓄；师德既是社会良好风尚的典型代表，又是教师个人修为砥砺的职业素养；师德既是理想层面的精神坚守，又是现实生活不断反思、"三省吾身"逐渐"知明无过"的自我扬弃。

师德不是光荣榜上的大红花，而是默默钻研教材教法的追求；师德不是挂在嘴边的苍白说辞，而是年年月月投身生命课堂的勤劳身影；师德不是无所事事却评头论足的夸夸其谈，而是敢于做事而不怕做错的问心无愧；师德不是一时某人的道德标签，而是学生长期的衷心尊敬。

科学的教育体制只会让师德问题越来越少，师德越来越好。

师德需要精神的倡导和激励，也需要物质的保障和引领，还需要制度上的设计和推进。应该明确师德不能脱离社会而特立独行，它虽具有整体属于知识阶层应该秉承的社会良知，但毕竟受到一定社会阶段的根本局限，所以，我们不能片面地谈论师德，更不应该过分地指责师德问题，更何况谁才有资格和权力去指责师德问题，这也应该是个问题。

至于教师队伍中难免会出现的犯罪问题，那是法律解决的事情，确切地说那已不再是师德问题。言及于此，整个的教师队伍师德主要方面还是良好的，这是不争的客观的事实，只是师德在具体层面还是有些问题的，在敬业的程度，乐业的表现，钻研的深度和宽度，在教育规律的探求和遵守，在教人求真等某些细节方面，还存在一些问题，这都需要我们教师自己首先正视它们，然后解决它们，这是责无旁贷的，是理所当然的。相信这样的情景定将出现：优秀人士争当教师，教师优胜劣汰，教师因为职业自豪感和专业自豪感而热爱着教育事业和所有学生，教育真正按教育规律，教人求真、求实、求自强、求全面发展。如此，那么什么样的课堂失误不能避免呢？

2016-12-14

贫困的快乐

从有生命开始，贫困就与我的出生、我的成长，紧紧联系在一起，但我渐渐成熟到不可救药的乐天情怀又把我的生活演绎为一首首快乐的歌。

我的父亲是一个农民式的工人，母亲是一个受过几年扫盲教育的农民。在不平凡年代里他们一对平凡工农的小小结合，居然能够孕育生命，顺利生下我应算是一个奇迹。我出生是在那个春天，"三年自然灾害"刚刚结束。稍大些常听到老人们说什么饿死鬼投胎，那时候还真以为自己是饿死鬼投胎。理由有二：一是体弱多病；二是老觉得饿。

我的父母把我生下来不容易，把我养成人更不容易。后来父母又添了老二、老三和小妹，那日子更艰辛了，单是让我们填饱肚子就已让父母费尽了心思，吃够了苦头，其中很多事情是现在年轻人无法想象的。

但就在那样贫困的日子里，有关照、有相伴、有期待、有希望，内心里并不缺乏快乐，或许就在那个时候，那个贫困的土壤里播下了我快乐的种子。

童年里，曾有过被乡里乡亲留饭的经历。和哪家孩子在哪家门口玩，玩得忘记到吃饭的时间了，就被哪家大人留下来和他们一起吃饭。放在那没几家能够吃饱肚子的饥饿年代，这个经历想想就已经很快乐了。

或许食不果腹、没有营养，我体质很弱，常常感冒发烧。曾有一次高烧晕倒在回家的路上，后来被几个学兄轮流背送回家。他们没有人为背不背而犹豫，那时他们应该不曾担心被讹诈；如果他们真要是怕惹祸上身，不管不顾，任我自生自灭，那就可想而知了。

那些知了爬出泥土、攀上高枝、撒欢叫天的夏日，我们都在大中午里，在村头河口闸门上光着腚，跃跃欲试又胆战心惊时，忽地被伙伴推下闸门，在水里扑腾扑腾，只付出呛了好几口浑浊泥水的代价，不需要交昂贵学费，竟然学会狗刨式游泳，认识了没呛过水恐怕学不会游泳的道理。这岂不是快乐之事。

少年时，在我饥寒的记忆里，每天上学前或放学后上地里干些除草、摘棉花之类的农活挣了几厘工分，如同邻居让我自己摘他家树上的桃子一样高兴；割到了一堆柴草背回家的成就感,如同在清汪汪的荷塘里踩到一窝白白脆脆的甜藕一样的满实;发现一个柳叶上的知了壳,如同让我在一块浅浅的水沟里抓到了鱼虾一样的开心;拾到一坨猪粪、牛粪,如同让我在收割后的田地里捡到麦粒、稻谷、花生和山芋一样的喜悦。我要感激的是家乡的一方水土一方人,给了我们穷孩子无尽的快乐。

穷困能够放大所有的快乐,而我们所有的快乐几乎不是用金钱能够买到的。

在不用金钱得到的快乐里,有一种快乐在我心中特别持久。具体来讲是我的初中后一阶段,在老师的鼓励下,自己学习上神奇进步的过程。那时我的老师好像学历都不高,多是高中毕业的,还有一些是从下放学生中抽调出来的。但现在想起来,他们教得真漂亮。我真奇怪,原本就是心不在焉的野孩子,在他们手里怎么就开了窍呢,语文老师表扬我堆砌辞藻堆得好,因为词汇量丰富嘛;数学老师在我一次考了59分,表扬我进步很快,稍微用点力就要过大关了;政治老师让我们背《毛泽东选集》(第五卷)画出的范围,整段整段囫囵吞枣背下来了,刻出的讲义全部背下,还说什么就是死记硬背也是真本事。老师都是在班上讲例题,还真没有一对一开小灶过,我们怎么就学会了举一反三呢,想想真有点神。难怪我考上了中师,跳出了"农门",就感受到古代中了举一样的特别荣耀,羡慕得乡亲们说我家的老祖坟得力了。虽然我愿意相信老祖坟得力了,但我深深感激的是帮助我贫困中能够快乐学习并取得进步的老师。

上了师范,在青涩逐渐成熟的日子里,在仍然贫困的生活里,时光赋予了我无尽的感激和快乐。我的班主任虽然他的汉语专业并不精深,但对我们"军事化"培养着实让我们后来受益匪浅。

每天黎明来临之前,我们就从梦乡中被残忍地赶起来,特别是在寒冬或早春之际,那暖暖的被窝胜过欢乐的天堂,那香甜的睡眠赛过天下的珍馐美味。可我们必须快速穿上抵不住寒冷的冬衣,快速叠好被子,缩手缩脚,跌跌撞撞,但按时站到自己的位置,然后列队小跑出了校门,跑过麒麟桥,快到泾县方向的葛林桥再折返回校参加学校晨操。来回十几里约半个小时,在我记忆里,全班男女生几乎没有一个认怂逃避的。我不知道老师是怎么做到的,不知道老班为什么这么逼。他肯定执行过严厉的"军法",他就不担心学生耍脾气走极端出事吗?他就没有自己的得失之患吗?

　　这些问题我一直没有问过他,但那时我们这些穷学生渐渐体会给他"逼"出来的无穷快乐了:寂静的东门街上只听到我们年轻的"嚓嚓、嚓嚓"的声音和节奏,夜色被我们驱散,朝阳由我们迎来,我们轻盈如飞,热情似火,口中嘘出的雾气驱散了寒意,身上的热量温暖了那晨光、那田畴,还有那勤早的人。

　　如今我虽谈不上富裕,物质上可算丰富多了,但总是忘不了经历过的很多贫困,忘不了那个贫困年代里许多温暖的记忆。我不喜欢贫困,不忍忧患再现贫困,但曾经的贫困岩隙里生出来的快乐之树,定能屹立不老。

2017-05-04

美不胜收心自宽

人到中老年,虽常感白驹过隙、岁月匆促,但看看自己现今所在的地儿,想想自己所处的环境,所觉知的自然和人文资源可谓美不胜收。能如此,幸哉;得此觉知,心情自然就宽了;心宽了,美就更多了。

一个地区的名山、名水、名人,作为一种文化、一种精神,能够成为宝贵的资源。《论语·雍也篇》有"子曰:知者乐水,仁者乐山"句,虽然此句译义多种,但我完全可以从历史到现实推论出这样的观念:乐山可成为仁者,乐水可成为知者,乐一方山水,乐一方家园,一方人可成为胸襟宽广者、志向高远者、勇敢前行者。

立身明珠江城芜湖,结缘江淮古皖大地,我现在执教的北京师范大学芜湖附属学校幸得十分独特优越的地缘环境。由教育理想而风云际会,为人生价值而励精图治。面对江淮大地近在咫尺的名山、名水、名人,学校全体同仁"善假于物也",寤寐思之,翕然爱之,欣然求之。

莲花湖,实为母亲湖、仁慈湖,灾年救人无数,如今风景这边独好;算是"近湖楼台先得月",现已成学校的亲湖公园。

依楼高,朝晖夕阴下,穿梭轮船生生夺目;凭夜静,白露横江中,拍岸涛声柔柔入耳。亲近大江,做伴中国乃至亚洲体量最大、干流最长、流域最广、养育人口最众的伟大河流长江,心系呈现万千气象、孕育万物生灵、创造辉煌文化的母亲河,幸甚至哉!

师范毕业之际,班主任吴老师带我们上黄山,有过刻骨铭心的三日游。后越发敬佩地质史上年轻的黄山,不惮先辈泰山权威,敢为天下先,凭自身千辛万苦,倾心努力,不断造化,从而成功兼具了五岳的雄奇、险峻、清幽、绝美而冠盖中华,名扬天下,这赋予了我无尽的启迪和和进取的力量。

诞生黄山脚下的徽文化,其发轫、形成、发展、成熟有着独特的过程和魅力,无论是她的理学、朴学、版画、契约、徽剧、医学、建筑、徽菜,还是它的雕刻、徽派盆景、徽州漆器、徽州竹编、文房四宝,在中国甚至东南亚都有着尊贵的地位和深远的影响,同时她世外桃源般的自然和人文景观,又成了人们倾心向往的地方,她在丰富、滋养着我们。

放眼江淮大地,历史悠久,名城繁盛,钟灵毓秀,名人辈出。大量江淮名人事典牵系着人世间盛衰兴亡的宝贵经验,蕴含着无数成败进退的远见卓识。他们是一面面镜子,能使我们从中了解人世沧桑,让我们思考时事得失,汲取精神力量,建造心灵家园。

我们近旁的莲花湖、长江,不远的黄山及其脚下的徽文化,还有血浓于水的江淮大地,我们不只献出深挚的赞美,更要走近它、亲近它、结缘它,用它的精髓感我、励我。

本校作为一所有远大理想、有使命担当的崭新学校,正好依托了这宏大人文宝库,植根江淮大地,主动结缘"近邻远郊",以开放的视野、博大的胸怀、求索的精神,传承着经典,建立着自己独特而鲜明、深邃而丰富、典型而开放的校园文化。有过程,有结果,也让我等教育人好去揽得明月入胸怀。

有理想的学校,会有许多有理想的老师。有理想的老师,心是宽的;心宽了,就美不胜收了。

2017-06-06

九华山挑夫

不记得这是第几次来九华了,总感觉它与我越来越近了,特别是炎炎夏日,每年都过来小住多日。

道路越来越平坦宽敞了,环境氛围越来越文化了,进山豪华车辆越来越多了。"莲花佛国"的各处庙宇禅林几经修缮增胜越发庄严华丽,莲花峰山巅悬崖处的禅寺宝殿越发巍峨壮观了。九华街上各处名寺殿宇美轮美奂,通向月身殿、百岁宫、天台正顶的石阶、石凳、凉亭、灯塔规正齐备,焕然一新。

佛教圣地与时俱进,俨然佛教胜地了。

香客、游客、僧尼、居士,从全国各地欣然而至,或游览盛景,或恭请法事,或敬香礼佛,带着美好的祈愿,洋溢着浓浓的吉祥之意。九子峰莲花盛开欢迎着他们,九华街道鳞次栉比的店家欢迎着他们,香火缭绕的寺庙僧众期待着他们。他们也带着善念和虔诚用自己最投入的方式做着功德,受到了越来越多的回报。

但有一群人似乎被时光遗忘在荒野的角落里,时代的前进在他们身上几乎找不到什么痕迹,原始的力量,古老的工具,最简陋的劳动方式,差不多一直延续至今,看不出来变化在哪儿,这群人就是九华山挑夫。

九华山挑夫应该都是九华山土著民。说起他们的历史,虽然不能说他们挑起九华山的兴盛,但可以说他们挑起了九华山世世代代无数的记忆,挑起了九华山苍生俗世的繁衍,挑起了最易被人忽视的禅意。

他们挑过大诗人李白的行囊吗,挑过刘禹锡的行囊吗,挑过哪些文人墨客、达官贵人的行囊吗?我无法想象和探寻,但文人骚客似乎没有关注到他们,他们似乎没有费文人骚客的笔墨,他们未能进入文人骚客的视野而成为一道风景。

他们在我的眼里也成不了一道风景,他们是我心中的最坚韧的一个个生命。此次我近距离接触他们,是我从百岁宫下来时相遇的。他们从祇园寺起步,一根弯弯的竹子扁担担着两袋砂石,有的担着大小砖块,也有的担着瓜果蔬菜，几乎个个赤裸着臂膀，肩上搭着灰黑的毛巾，黝黑的面庞俯向台阶，脚上穿的解放鞋多有些破旧，微微摇晃地挪动着脚步，每攀登十几个台阶，就用一截有权的棍子撑住扁担，为的是擦擦汗水、歇歇脚，也有的跟游客问个吉祥，得个零钱（我并不觉得这对游客有什么干扰，他们唤醒着人们的同情）。当我们给经过身边的步履蹒跚的挑夫扁担上放上一两元钱时，他们很真诚地献上对我们的祝福，对没有零钱的游客他们一样友善。他们不需要什么崇高，他们只在平凡、朴实中让自己的劳动得到一些合情合理的回报。我在与一位歇脚的挑夫攀谈时问道，你们这一担子挑上来，能得多少钱啊？他们并不在乎什么行业秘密，告诉我说，按四毛钱一斤算，他们一担子约有两百斤，也就一趟上去八十元收入的样子。两百斤重，数里蜿蜒陡峭的山路，正值盛夏，空手人登山也会渐渐乏力，气喘吁吁，他们也是血肉之躯啊！

他们的年龄多是五十多岁了，在农村多是做爷爷的人了。更让我难以置信的是，一位歇脚的挑夫，颇为硬朗，但须发花白。他告诉我，他已是八十四岁，挑了二十六个年头。我感觉一种逆天之痛，"颁白者不负戴于道路矣"，这究竟是怎么回事呢？

我心中的挑夫实际上叠合了许多名山大川处见过的挑夫形象，很早以来我一直在想：不管哪座山哪座殿，也不管机械运输发展到什么程度，但从山下到山上，千千万万个蜿蜒陡峭的台阶，小到生活用品，大到砂石、水泥等工程建筑材料，再到需要几十人才能抬上去的铜钟、铜香炉等器物，还是需要挑夫们一步一步挪上去的。我曾经以最赞叹的姿态，颂扬着风景区里一根根弯弯的扁担斜挑在他们的肩上，他们迈着坚强、矫健的步伐，表情是那么的平和、坦然，表现着中国农民的坚韧、耐力、沉厚和勇敢向上的精神，他们构成了风景区最靓丽的风景。然而眼下，我是这么想，他们不是什么风景，他们是深重震撼我的最坚韧的一个个生命，他们应该得到感谢，得到善待，他们的劳动需要得到最暖心的尊重。

2018-02-26

倾听者

金菱是个倾听者,是个不可思议的倾听者。

金菱一直患着顽固的中耳炎,耳膜穿孔几十年了。据说他还是个野孩子时,夏天里一个调皮捣蛋的小蜂子误打误撞闯进他耳蜗里,像是捉迷藏似的,闹腾了半天,好不容易给赤脚医生弄出来。好像从那时候起,水里吓跑水鬼,雨地泥泞里撒脚丫轻狂的野孩子,就经常被父母亲领着看医生,还去过城里大医院,可是治好又犯,犯了又治,这么着就成了痼疾。

但这个痼疾从来没有影响金菱的倾听。

金菱成为倾听者,还得从二十年前说起。那时金菱是乡村中学老师,暑假被乡政府抽去防汛。那年洪水特别大,茫茫江水铺天盖地快要压上千里江堤,外圩内河不断传来破圩溃堤的坏消息,从上到下都神经绷紧了。金菱和防汛的人吃住都在大堤下面的农户家里,无论烈日晴天还是大雨倾盆都是昼夜搜寻有无管涌等险情,有时也去填土运草包,劳累差不多到了极限。

这天初夜,又是风雨大作。轮休到堤下农家的金菱刚脱下湿衣服,忽然觉出有些异样的声音,不是风声,也不是雨声,不像草虫的唧唧,也不像小鸟的低鸣;有点似蛙鸣,也有点似鱼儿水中吐泡扑水,声音好像发自农家屋前的水塘。金菱越听越不对劲,他拿起风灯跑出去,外面还是风雨大作,声音好像不见了。金菱一边用风灯探照着,一边抹着头上的雨水,摸索着来到塘口,声音又听到了。不远的塘面上有一股涌泉时断时续,时强时弱,强时即有汩汩潺潺的声音。金菱立即意识巨大危险就在眼前,他立即呼叫起来。众人集聚,都意识到巨大危险就在眼前。天不亮各路领导专家齐至,各种抢险物资源源不断运到,极其危险的管涌最终被制服了。

事后有专家问起这个管涌怎么发现的,和金菱一起防汛的乡干部报告说,是金老师听见发现的,专家和领导都说,这真是不可思议。

后来金菱放弃因那次不可思议而来的许多机会,一直坚持着教师的工作。他一直喜欢倾听,做一个不可思议的倾听者。

最近有两桩事颇为传奇,听起来像故事,但千真万确。

头一桩事有点让人不明白。单位有个自我感觉超好的曾某,总是不自觉地站在道德的云端习惯性吐槽他人。吐槽的句式基本没变:某某活糟掉了,还不如跳江里死去,长江又没盖盖子;某某太脓包,要是我的话,我不把他搞服帖我就跟他姓。人们都习惯了他的吐槽,谁也没有去认真听。

而这几天曾某不知何故满脸阴沉,头发狼藉,眼神直滞,与人应答迟缓。又过了几天,恢复正常,人们忽然注意到,曾某不再吐槽他人了。不知怎么回事,曾某多次在酒局上对众人反复念叨着金菱是他恩人,金菱救了他。众人听了十分诧异,有人询问金菱,金菱淡淡地回了句,没有的事。

第二件事也有点不可思议。事情是金菱任教班级班主任说的。该班主任说,现在说起这事还心有余悸。第一次金老师提醒我,要我注意卢某女和钱某男,我以为自己早就注意到了,我已经把家长叫来了,掐死了他们谈恋爱的苗子。过了些天金老师直接告诉我卢某女有自杀倾向,赶紧做工作。我吓了一跳,赶紧请金老师指导办法。事情真如金老师所言,卢某女心爱的绒娃娃和檀木盒都送走了,就连遗书都已写好了藏在她的笔记本里。工作做好了以后,自认为班级工作做得很细的我打心眼敬佩了金老师。我问金老师怎么发现的,金老师淡淡地说,注意倾听。

金菱最喜欢倾听天籁之音,也一直倾听着生活中的各种声音。他倾听着身边亲朋好友亮丽自我的多样表达,倾听着内心骄傲下固持的个人见解,倾听利害空间里的摩擦和碰撞的声音。金菱在倾听中基本是沉默不语,没有评价、没有建议,甚或没有点头或摇头,只报以沉思的目光和真诚的关注。但对金菱说事的人,在金菱的倾听之后,都有了轻松之感,都有了贴心之感,又增生了依靠之感。

金菱是我老友,有次跟他开玩笑说,你这中耳炎痼疾奇了怪了,怎么听力比常人还强。金菱淡淡地说,倾听,是用心的。

2018-04-10

感恩才能赢青春

说到感恩,其实又有多少人真正认识感恩,真正拥有感恩呢?

葆有乐观是必须的,但现实往往让人忧虑。在生活和工作上,有的人没有感恩,忘记感恩;有的人常把感恩挂在嘴边,当成了表现自己的妆饰;有的人希望别人的感恩,而无意感恩他人;有的人有短暂小感激,没有永久大感恩。人世间的许许多多伦理悲剧岂不正是人格中感恩缺失酿成的天灾人祸,大到国、小到家,教训还少吗?

人类是天地骄子,孩子是父母骄子。作为万物灵长之人类,人类需要感恩日月风雨山川大地无私不竭的毓德;作为父母婚爱之结晶,孩子需要感恩生育教养昼夜长年不计回报的恩情。感恩是与生俱来的,它是亘古不变的自然原生态,应该说它就是一种天性。

"鞠躬尽瘁,死而后已",诸葛亮的感恩是回报知遇的忠诚;"谁言寸草心,报得三春晖",孟郊的感恩是含蓄蕴藉的情境;"记住是自己的老师为他们的成长播下最初的种子",居里夫人的感恩是取得巨大成就后的感念;"感谢命运,感谢人民,感谢思想,感谢一切我要感谢的人",鲁迅先生的感恩博大而深沉。

"感恩即是灵魂上的健康",尼采从正面说。"没有感恩就没有真正的美德",卢梭从反面说。两位大思想家正反两面鲜明对比突出了感恩的真理。"灵魂的健康"和"真正的美德"恰是人之成为人的核心素养,也是每个人生命价值大小的重要基础。

进一步说,感恩更是健康社会、健康人生能否赢得最终成功的关键性因素。

因为真正懂得感恩的人是有智商的,他们能站在历史巨人的肩膀体察到一种生命的规律,在恒量和变量的无限纠缠中努力实现一个积极的增量;因为真正懂得感恩的人是有情商的,他们能处于复杂社会网络中悟出一个人生的道理,在有我和无我的动态过程中找到一个和谐的平衡;因为真正懂得感恩的人是有创造力的,他们能于自然与人间的矛盾里创造解决的条件,找到解决问题、战胜困难的办法,做出自己极为给力的表现。

可以说是否懂得感恩，是一把尺子，它能量出每个人人格的长短；是一面镜子，它能照出每个人存留的青春色彩；是试金石，它能检验出人间的真善美和假恶丑；是一架梯子，它能升降人生的境界和层次。

感恩钟爱人生里一个美好的词语，它叫青春。青春，不只是年龄的符号，而是富有生机、活力和创造的生命色彩。有些人即使年轻，失去感恩很难说拥有青春；有些人虽然年高，而心怀对自然和人生无限感恩却也能青春不老。年龄上的青春不仅需要努力成才，更需要努力成人。成才和成人与年龄的增长是不成正比的，它需要爱上感恩方能走向进步的自觉。

年龄上的青春能否实现人生的点石成金，就看你有无感恩的仙人指；年龄上的青春能否赢得精彩，就看你心灵的田地感恩的种子能否发芽，经得起风雨而成长为参天大树。而精神的青春是把感恩化为执着的追求，在感恩的陪伴下，拥有最丰富、最活泼、最感性，又最勇毅、最执着、最清醒的内心世界，顺应自我最自然、最健康、最积极的心智需要，做最有益、最人性、最惠众的事情。这样的人已超越了年龄，赢得了永恒的青春，这才是真正的青春。

天下父母最真心，懂得感恩方成人。在家，感恩父母是成长的标志，而且经得起父母贫困疾病的考验，破得了"久病床前无孝子"的苦咒；在外，感恩社会和自然是为人行事的前提，经受住不平和挫跌而没有将怨恨和戾气转嫁到无辜，遭遇误解和损害也能心怀希望和阳光，即使抗辩争取，也带着感恩出发。

如此你青春不老，与岁月同在。

2018-05-30

幸运兔

我有时静心想到,宇宙无垠,奥妙无尽;天地造化,神奇难测;生生灭灭,灭灭生生;因果转换,永不停息。自然孕育生命,生命改变自然,自然又面对生命,总有规律,可规律成谜。就如人生,生是谜,死是谜,人生终归是个解不开的谜。但谜归谜,总有物竞天择者,总有自然和生命的诞生是造化中的幸运者。

我爱长江,故想从长江说起,长江就是个幸运者。我总是想到长江的诞生绝对是一个机缘巧合,总归有一种美好和伟大的机缘孕育出长江的宏伟深远。我确定是天地创造了长江,而长江创造了无限自然和生命的奇迹。

尽可能想象一下长江的伟大。她挟昆仑之长风,裹巴蜀川江之形势,涵汉水洞庭的蕴藉,揽日月、阅千秋,或砯崖转石、万壑雷鸣,或风云激荡、浩浩汤汤,横冲直撞、腾挪跌宕中虽或有南北西东的阶段走向,但大势是坚定不移地向东、向东,向着大海而来,向着梦想而去,融入永恒的和开放的广阔世界。

不经意间,大江一路前进,一路创造,甚至不过几个世纪甚或数十年的光阴,就每每改变了世界,改变了地理环境和地域风貌。端端一个白浪滔天、龙潜鱼跃的水世界,凭空就生出了无数个丛林满地、麋鹿悠然的白芦洲、清沙渚。今日的江北江西还没繁衍过几代生命就不知不觉地变成了江南江东。沧海桑田也就是撒欢的大江,孩子般随性的玩耍之作。多少代人的命运就在大江东去的"惊涛裂岸"和"浪花淘尽"中悄悄地被改变,几代人的人生百十年的岁月对它的变化常常浑然不知,就假如不在意昼夜星辰和春夏秋冬的变换,对我们立足的脚下大地的自转和公转,会是浑然不知,正如人们常常对自己的幸运浑然不知一样。

正因如此,不知不觉,这里就有了一块沙洲,沙洲里外还有了滩涂湖泊。大江季节性的江水和天空季节性的雨水一起,浸泡着沙洲,更是沉积着沙洲;或是江水的夹带,或是鸟兽的贡献,荒芜的沙洲上生满了"岸芷汀兰"、蒿艾蒲苇、莲菱芰茨等各种植物,栖息了猪羊狼獐、鹿麂蛇鼠、兔禽龟鳖等各种动物,江水和湖泊里生活着各种鱼虾,把白沙洲变成了宝沙洲。

大自然创造和孕育的力量从不吝啬、从不保守。我不知道是沙洲的幸运，还是生命的幸运，但总归是长江尽情发挥出了自己的幸运。

不需多少年，这块新的土地陆陆续续迎来一些拓荒者，不管他们是逃亡者、逃难者，还是逃荒者、流浪者，他们成了这块土地的第一批移民。他们风餐露宿、筚路蓝缕，也会有风云际会，他们成了这块土地的新主人。到底属于智慧生命，不多年，一个个天荒地老的新生草泽之地愣是挑圩筑堤辟出大片大片的良田旱地，从而结庐搭舍安居起来，子孙繁衍下来，从而成了游子的家园了，他们成了天生地孕的幸运儿了。

在这里单说的是江南的一块小平原。皖南的众山们，它们见惯了高峡飞流倾泻的千里奔放，也习惯了潺潺湲湲小溪小河的随性流畅，然而骤然间被眼前恢宏浩荡的长江惊呆得陷入这片柔嫩温厚的土地，从而忘记了进退，从而在江南的烟雨迷蒙里成就了屹立不倒的覆釜浮山，与江南温润的泥土和季节的风雨孕育了生灵万物，迎接着天南地北的逃荒人、落难人和闯荡人。男女老少，因缘顺势，成家兴业，子孙繁衍，生生不息，于是有了生存和斗争的爱恨情仇、新缘和故事的悲欢离合，也有了创造和需要的酸甜苦辣、梦醒梦灭的人生歌呼。

时光永恒，人生不老，故事不断。在人与自然的互动中，有了无穷无尽的生机，幸运总在垂青着勤苦、诚善和力争的人们。

任如何幸运，总不免无情但有益的劫难，或许经受住劫难正是赢得幸运的表现。小平原也遭过许多的劫难。

但幸运的是天不灭生。

等到经济基本好转，百姓的日子好过一些了。这一下原始的生命就像压抑的流水喷涌而出了，也像是旺年赶集似的，呼啦啦一个农历兔年诞生了密密的一茬生命来，使得那时叫公社的某个学校每一个班里，竟多数是小兔崽子。

遭过很多难的幸存下来的老人们禁不住羡慕道："这些孩子真有福气，赶上了上上大吉的好年头。"老师们也啧啧称怪道："这茬属兔的学生玩起来很投缘，念书还都上心，人多肯吃苦。"虽然那时学校也乱了一阵子，但赶上了拨乱反正，赶上了实事求是，赶上了解放思想，又赶上了高考制度恢复。可能是太苦了缘故，这些孩子几乎是拼了命的上进，他们能够在亡羊补牢后得了劲力，憋了股劲道，通过了考试，"哗啦啦"一下子大多上了中专中师，逃出了"农门"，跳进了"龙门"。

　　我要说，生于时世的人，得感谢人世流转中历史的垂青，现实的恩顾，尤其是这群属兔的，不乏个人努力，更多感怀天道人道的幸运兔。

2018-07-21

等车是享受

不知什么时候，我忽然发现等车对我来说是个享受了。

这个发现还真让我有些惊讶。我以前很有些着急不安的，颇像我曾经年纪轻轻却着急生出来的许多白发，岁数不大、心也未老却忧心忡忡的满脸阴郁一样。

加上当时常着深蓝土黑的中山装，蛮像闹革命、讲斗争，面对敌人或义愤填膺或大义凛然或英勇无畏的样子，习久难改，就被同学笑我是故作老成，不合时宜的愤世嫉俗了。

其实很早时候我是非常习惯等车的。那时客观条件限制，车子少，车次少，一票难求。有票能够等车，可就算是幸运的了，老老实实地等车想不出什么不对来。记得那时到外地去，或放假回家，还有返校，在车站排了很长队伍终究买不到车票，就走到通向目的地的公路边上等车，等的是那种跑长途的货车，等有好心的司机同情我们这些穷学生，让我们坐他后车厢里，顺道捎我们一程，当时真的是感激不尽，那样的等车还是挺有滋味的。

但后来不知何故，脾性急躁，内心里莫名其妙的烦恼折磨着我。内在因素是自己的学养、眼界和胸怀的局促不前，外在环境上有些时代的影子，说起来当时我也是个愤青啦。"穷年忧黎元，叹息肠内热"，或许直接或间接接触到太多的问题和忧患，忧愤的冰火折磨着我，让我时时处处的牢骚喷发而出。

对很多的人和事，也包括对我自己，常常是"横眉冷对""粪土当年"，一种火与气的内躁内急无法宣泄、无处释放，以致我沉不下心来面对生活和工作，静不下心来做平凡细致的事情。久而久之，我的生命漂浮到了灰暗、孤独和痛苦的失败之河中，和无数个这样的"我"一起随波逐流，我知道这是另一种形式的颓丧。我曾欲逃出这条河流，甚或逃离自己，可结果是依然故我，要不缺乏了关键决心，要不没有力量和坚韧。

不管是风和日丽，还是淫雨霏霏，我总被外物结结实实地黏糊起来。心灵像江南的雪团冰块一样禁不起磕碰，零零碎碎地散落在杂草丛生的野地而无法拾起。有时也振奋起了一下精神，努力了几个白天、几个黑夜，但好景不长，终没有走出一个鸡笼猪圈般的小圈圈，爬不出枯井般的空洞地，烦躁不安更甚于往昔了。

就如前一段时间里的等候公交车，那个急躁不安简直就是热火，差不离燃烧了我。我那是刚到站点就强烈欲望着某班公交车因我开来，为我快开。不到一两分钟就心急火燎的，一心念念的是车子怎么还不到来，烦躁地猜想和臆断。司机是不是个涂脂抹粉、慢慢悠悠的老娘们；公交公司领导是不是都是吃白饭的，还认不认得管理二字；这人素质太低，上车总要挤得谁都上不去；那老头老太太怎么也挤，不晓得上班族上学族高峰期；那小学生怎么不排队，瞎挤上来抢位子，这家长、老师是怎么教孩子的？

总之，每等一次车就等来一段愤慨和折磨，以致我把这种愤慨和怨尤竟当作自己超过他人的素质，真不知是什么赋予了我们很多人自我感觉超高的资格，是什么赋予我们很多人指责他人的权力，我的这个毛病也不轻。

在轿车代步、有车族发展壮大的时候，我忽然发现最随心的出行方式还是坐公交车，等车对我来说真是个享受了。即使眼见我要坐的那班公交就刚刚开走，也没有后悔和责怪，我会安安静静等候十几分钟后的下一班。我会看看周围的景象、周围的人或周围正在发生的事，街头有精彩剧作，站前有趣味小品，等候有心人体验。只要有心静心，等车就是享受。

并没有什么灵丹妙药，也没喝过什么心灵鸡汤，我忽然发现自己等车的心情变了，很多方面的心境和行为变了。非能脱离人生，也不是麻木冷漠，只是明白人世间太多的苦痛非一时众生善愿就能一劳永逸地解决，有人生就有矛盾、就有苦痛，谁能否认呢？

现在我该做的认真在做，该说的诚恳去说，注重细节，努力平凡地工作，和穿衣吃饭、啜饮粗茶、沽酌小酒一样，不刻意讲究，也不太随便马虎，是个自然平和的状态。还有就是遇事总想想自己的不足，检讨一个合情合理出来。

我不知为何有此变化，是年龄的增长吗？似乎不是。碰瓷的就有不少是年长者，很多人并没有随年龄增长而变得文明高尚了，年龄的增长与素养的提升不成正比是个遗憾的事实。很多争抢、讹诈、嫖赌之人并没有随年龄增长而洗心革面了。

是什么呢？真的搞不清楚，似乎是阅历眼界，是平台环境，是学习中的感

悟,真的没法说个准。

　　但我终于能够努力做到的就是,把握好自己,我把等车都当作享受了。

2018-08-09

我的父母

　　父亲离开我们快一年了,虽然他辞世时已是八十八高龄,但一想到他弥留时的情景我内心还是隐隐作痛。本来身体尚好的母亲在父亲卧床不起的最后数月里以近八十岁的高龄照料着父亲的吃喝拉撒,一下子衰老了许多。我们兄妹四个想给母亲请个帮手,但母亲坚决反对,她说她还能累得动。我们做她工作,说如果她累倒了怎么办,但母亲显得很固执,只说她还能累得动。

　　她每次见到我们,说得最多的就是,你们把你们的小伢子搞好就行了,我还能累得动。父亲去世给母亲打击很大,在处理完父亲的丧事后,三弟接母亲和他们一起生活,但母亲还是坚持一个人过,她还是说她能累得动。

　　"累得动"几乎是我父母人生最大的自信,也几乎是我父母一生的写照。

　　我的父亲是一个"农民式"工人。父亲在老家排行老四,在他还年轻的时候,我的祖父母、大伯、二伯就不在人世了,只有三伯当兵退伍在四冶一公司工作。可能受了三伯的影响,父亲走出农村,招工到皖南农场、裕溪口码头等地工作,因为家境极为贫困,人又老实,所以一直到三十了还是孤身一人。后来来到一个叫"同和祥"的锅厂(铸造厂)上班,从而开始了他人生的重大转折。这个几乎与铁砧、铁水打交道一辈子的厚道老实工人,经工友介绍幸运地娶到小他九岁的我母亲。

　　我的母亲年轻时是一个读过几年扫盲班的村姑,在江南水乡的大洲子上种田种地、家里家外都可以称得上一把好手。父亲虽娶了母亲,但家还是外公外婆腾出一间房子,再在后面搭建了一间披厦给安起来的。父亲顺着江堤每周六下班回家周日晚回厂上班,来回六十里路都是步行。他们在"三年自然灾害"年代作为工农的小小结合,能够顺利生下我,应算一个奇迹。我出生的那个癸卯年春天,"三年自然灾害"已经结束,"呼啦啦"一下子生出了许多个兔子来。小时候听到老人说什么饿死鬼投胎的话,其时还真以为自己是饿死鬼投胎,原因一是体弱多病,二是老觉得饥肠辘辘。

　　后来我有了宏弟、林弟和平妹。父母把我们生下来不容易,把我们养成人更不容易,那日子可艰辛了。我们兄妹几个好像个个都能吃,但我们那儿被政府指定种棉花,配给的粮食根本不够。那段时光里油花在我们眼里是世上最美的事物,能尝到油花甭提多幸福了。记得生产队年底杀猪分肉,分到我家的多是瘦肉,我认为生产队干部欺负我家,坚决不接受转身就回家,最后还是那村会计搭了块肥的提着肉追到我家,当着母亲的面狠狠数落了我一顿。

那时候母亲白天在生产队里拼命挣工分,但"大呼隆"的生产方式出勤不出力,开花不结果,辛苦挣到的工分还是换不来孩子们的温饱,反而年年让我家"超支",让我父亲拿出小半年工资补上这个"大窟窿"。我一直没有问过母亲,这个巨额"超支"怎么算出来的,总感觉这里有欺负我父亲在工厂上班,又不是本乡本土的背景。

我说着这话似乎是有些根据的。那时我们兄妹多了,实在外公那边住不了,父母不知找村干部多少次,最后就允了一节河埂让我们自己挑墩基,其实当时村子里是有适宜的墩基的。父母在舅舅们和其他亲朋帮助下,一锹锹、一筐筐、一担担,挑了好多个月才有了一块墩基。由于墩基没有夯实,在我家做房子时,一垒到约两米土墙就塌了,反复如此。父母单为此就像遭受着酷刑一般,残酷的事实折磨着他们。后来想办法弄来一些石块垫到墩基里才好不容易建成三间土墙瓦房,历经千辛万苦父母才算有了自己独立的家。

为了这个家在村里能够获得尊重和安宁,父母亲能让就让,能帮就帮。母亲帮人从不惜力,村子里婚丧嫁娶、挑墩基、搞双抢找到母亲帮忙,母亲再累也不推辞。父亲那工厂生产的大大小小铁锅,质量好,做饭香,在皖江一带很有名气。我们那远近村子家家户户都曾托我父亲买过锅。父亲是有求必应,但锅好买,带回家可苦了父亲了。背着很重的铁锅走上三十里路真够受罪的,但逢到乡亲表达感谢说,姑大(乡亲多称我父亲为姑大)累你啦,父亲就晓得回一句话,不累人。

为让我们填饱肚子,父母想尽了办法,也吃够了苦头。记得很清楚的是,母亲秋季时常周六起早赶去父亲工作的老城新港,买上比较便宜的两百多斤山芋,等父亲周六放假,两人各挑上百十斤山芋,三十里路程,一路重担,一路汗水,披着晚霞,拖着背影,佝偻了背脊,却满荷而归。为了孩子他们必须"累得动"。

父母不让我们在村里受委屈,比别人要多付出更多的劳累。例如别的孩子过大年时有新衣新鞋穿,父母一定让我们穿上新衣、新鞋。布票全给我们孩子买布,请裁缝师傅回家来只给孩子做衣服。母亲平时忙中偷闲糊鞋帮、纳鞋底,到腊月底煎熬无数个黑夜也让我们有了新鞋子。初一早上我们兄妹从头到脚都是新的,快快乐乐出去给亲戚乡亲拜年,那时没有想到父母是多么劳累。

时光中我们兄妹一个个长大、成婚、生子,哪里没有父母的劳累?这样的劳累又怎能说得尽呢?但我们无论如何是不会忘记父母的劳累的,可这怎么够呢?作为长子的我对父母关心很不够,父亲最后的岁月里,我未能像弟妹们那样经常回去照顾陪伴,常是一周两周地看一次,颇觉得有些愧疚。如今幸好还有母亲,我定然无愧于心,让"累得动"只为母亲精神的欣慰,而不再是她的困苦和艰辛。

2018-08-29

"菊隐"赵学江

认识赵学江,我想是必然中的偶然吧。此前他客观存在于他的时空,却隐在我的世界。

这天我值班,快到检查晚自习时,班主任夏老师发来一条微信,说她班红同学肚子疼得厉害,问我能不能送该生去看医生。我回复可以,这是责无旁贷的事情。

我一边快速检查自习情况,一边联系车子。巧的是我一学生桂某送他儿子来校,刚好被我抓了个差,我让他送我们去了一卫生院。值班医生认真给红同学检查了以后,说查不出什么问题,医院B超坏了,不然可以做个B超检查一下,实在疼得厉害可以吃点止痛药和阿莫西林,并注意观察。

这时桂某跟我建议,他有个朋友在保定卫生院工作,那里可以做B超。他打电话过去正好那朋友在值班,这样我们就带着红同学来到保定卫生院。生活充满巧合。如这次,如果那医院B超不坏,他还隐在我的世界;如果他不在值班,他还隐在我的世界。

夜幕下的保定卫生院里灯火通明,白大褂们都还在忙来忙去,颇有点城里大医院的感觉。桂某带我们找到他时,他正和两个青年医生围着一个躺下的病人,像是会诊的那个情景。他看到我们就走过来,经桂某介绍我们就算认识了,他进入了我的世界。

他对红同学耐心询问、仔细检查着,我和桂某在帘外等待着,也轻声聊着他。桂某说他四十五六岁,从医二十五六年,我们家人生病就找他,我们那的人生病都找他、相信他。一会儿他掀开帘子,对我们说红同学没什么事,肚子疼是肠胃痉挛引起,不需要做B超,扎个针灸就不疼了。

他给红同学手臂和小腿处擦着酒精,扎着针灸,轻轻捻动银针,动作轻松自然。我一旁观察着他:他已经不可抗拒地发福了,硕大的头颅、宽广的额头、稍显粗短的脖子,相宜的将军肚,穿上盔甲战袍就是一个武将的形象。只有那身白大褂和鼻梁上的眼镜,分明了他一个医生的职业形象。

在针灸治疗过程中,桂某和他聊着一些近况,我也偶尔搭些话,渐渐地他的形象在我的世界清晰起来。

他是卫校毕业,在二院实习过两年,十九岁就回家乡小洲独立开起了诊所,这一开就是二十六年。一开始是凭着一股勇气,现在想想都有些心有余悸,因为人命关天。

有五六年他其实就是个一二十年前才有的"赤脚医生",常常夜里还要去远处村子出诊治病,遇到刮风下雨,他背着药箱穿着雨衣还打着伞,路程再远,路再难走,他没推辞过。虽然做医生要有胆子,但深夜雾气弥漫,芦丛中常有水鸟"扑哧"飞起来,还有坟包中小野兽突然窜过去,他身上还是惊出一身冷汗。

他经历过许多酸甜苦辣,思考了许多,渐渐明白了许多道理,现在做着自己真正明白了的事情:

治好病人后的快乐胜过金钱所能带来的。

医生千万不要图发财,悬壶济世之心不能缺失。

医生有的病不知道不要紧,但千万不要信口开河。

要在学历职称与治病救人之间选择后者,以治好病人为乐。与其花许多精力去评职称,不如出去拜师求教,为此利用休假自费拜师求教,哪怕一次解决一个疑问,也是最好的回报。

西医治病解决炎症病菌简单快捷,中医治病讲究望闻问切标本兼治。西医依靠设备仪器手术生化,中医依靠气血脉搏经络阴阳调和。最明智之举是中西医结合起来取长补短、扬长避短。最需要中西医兼修并举。

我知道他每一个道理的明白都是在经历成败得失、悲喜哀乐之后,都有心血与汗水的浸渍,都唯生命是尊。

桂某悄悄告诉我,有外地大医院开年薪数十万延聘他,他拒绝了,一是亲人陪伴比钱重要,二是这里的乡亲需要他。我相信桂某说的这些话。

记起明代唐寅在他小品《菊隐记》中,记叙了他的一自号"菊隐"的良医好友朱大泾,颇觉神似赵学江,他们都神似生于荒岭郊野的野菊。野菊默默无闻地隐于自然,而医生并非显贵之人,当人们不生病时,谁也不会想到他,颇似人世间的"隐者",但正如菊是"寿人之草",和医生这个"隐者"一样都"隐而有用"。

借这"菊隐"之称号送医生赵学江,相与共勉。

2018-10-23

走马"观根"

旅游中常听导游有这样的戏说：上车睡觉，下车尿尿，排队检票，景点拍照，回家什么都不知道。这至少说出了旅游的部分事实。我这次贵州六日游，除了夜晚的睡眠，大部分时间是在行驶的车上，真正赏景却匆忙短促，再次无奈地感受这个部分事实。在这些个事实里，我自然联想到走马观花这个成语，我的很多旅行不就是走马观花吗？

但不知什么时候，我的旅行渐渐虽然还是"走马"，但在那大自然无限的风景里，我多不再观花，而是喜欢上"观根"了。

只是我的"观根"有点局限，要说肥沃泥土上的根固然值得赞美，但触动、震撼我灵魂的是绝处逢生的根。更确切说来，我在风景绝佳之处很少生发出对野芳奇葩的特别兴趣，而对险绝胜景里的树根产生别样的情怀。

这次贵州行，我"走马"中还是改变了不少，应叫走马"观根"。

其实在过去，我也曾注意到一些让我惊讶不已而又肃然起敬的根画面，并且它们都融入了我的灵魂。

在一个叫樟树湾的村庄，一棵古樟树曾是浓郁参天，不幸被雷电击中后，一段树干着了火，不知是被随后的暴雨浇灭，还是被乡亲们救下，结果是那段树干几乎只剩下两片树皮，但它却依旧挺立不倒、枝繁叶茂，顽强地活着。如果不是它根的深厚，不是它生命意志坚强，它很可能只是一个断裂枯死的残根遗骸，它将无法进入我们的视野。

游览黄山、九华山、武夷山，随处可见这样的树根：一部分树根裸露在外面，一部分树根"潜入"悬崖峭壁坚硬的岩石中，经历着难以想象的磨难，顽强地维持生命，依然生机勃勃。我曾欣赏它们的虬枝，赞美它们苍劲的形象，但让我的灵魂深受触动而久久回味的却是它们的根。

游览金陵古城、西京古城，我的目光总被城墙巨砖古老的缝隙及白垩勾抹的灰暗裂痕中那些在夹缝中生存的根吸引，它们有的可能穿墙而过，有的匍匐在飞檐翘角，有的暴露在烈日风口，仿佛是历史的沧桑面庞上印刻着不老的篆文魏碑,都让我在顽强生命的光彩里去寻根而敬慕无比。

还有被世人遗忘的赫圻古城废墟上的那根那树,在我记忆中有一个真切而清晰的位置:那是一棵已倒下的树,树干被人踩踏得门槛一样的皮脱木光,但就在它这样的树干上又重新生长出了四棵大树,像繁衍的人类一样,枝繁叶茂,郁郁葱葱。这是一个什么样的根啊,强悍的生命力实在让我们人类羞愧。

这次"走马"梵净山、大七孔景区、小七孔景区,"观根"上我几乎是过足了瘾,我的目光贪婪而热烈,我的心思全落在了根上,我被这里的根迷醉了。

来到具有两千多年文化史的佛教名山梵净山,一路登来异树奇根触目皆是,令我眼热心动。只是几乎被后面的游人拥着向前,虽留恋不已,但相信后面会有更赞的根而不多遗憾。果然在我气喘吁吁、双腿微战的状态下登上奇险无比的红云金顶,应该是两峰之间一处背阴的地方,我看到一棵显得瘦弱的树。这不是藤,是树,明明确确是树,因为它的树冠、树枝竭力在我们面前伸展着,像张开无数手臂欢呼长啸一样。当我顺着它的枝干往下看去,竟然望不到底,它是顺着阴湿的岩壁一路独立生长着。这棵树为了能享受到阳光,把长长的根暴露在岩石之外,依靠自身的力量硬生生地超越了顶峰。

真是幸运,我饱览到了作为根的传奇巨篇的荔波小七孔景区的"水上森林"。

"水上森林"可以说是荔波一个著名景观,属于世上罕见的岩溶地貌水上森林区。这里的成千上万株树木,包括珍奇树木十多种,全都植根于水中的顽石,又透过顽石扎根于水底的河床。那种水中有石、石上有树、树植水中的生态奇观冲击着我的认知极限。这里的水、石、树,像生死热恋的情人相偎相依、不离不弃,如此梦幻般的情景真是叹为观止。

同行的帅哥在这片翠绿的山林中揽美留影,美女导游竟情不自禁地脱下鞋子、敛裙入水,和流光溢彩的山泉做一番嬉戏;而我似乎灵魂出窍了,这一大片原生态自然王国中的根简直就是大自然的精灵,我成了精灵世界中一个耽于幻想的人,琢磨着森林的童话世界里根国王和根公主的故事。

听说附近叫茂兰的地方有"石上森林",我想象出来的不是清新的空气中弥漫着绿树枝叶的清香,也不是阳光透过头顶的树叶折射在枝干和地面,而是神态各异的树根突破、绽裂而生长在裸石之上,仿佛倾听到盘根错节的根在顽石罅隙中的绝唱。只可惜马不由缰,任性难遏,只能想象中亲密接触一下那片神

奇的根了。

　　这次贵州行里,我更感念另一类的"根"了,他们就在各个平凡的岗位,就在我们无数的敬佩和感动里。

2019-01-15

第二辑　夜读深航

孔子用"间"

当今世界,出于国家、民族利益,而采用军事、政治和经济谋略之外的特殊手段,进行间谍活动,已是公开的秘密。而二千五百年前的中国伟大教育家、思想家孔子,就曾经挑选自己的高足进行间谍活动,恐怕很多人闻所未闻。在那个不远的"文化大革命"的年代,居然没有被"揭露"出来,应该是个奇迹。

《孔子家语·屈节解》中记载:孔子在卫国听说,齐国大夫田常为专权并转移国内矛盾,欲出兵攻打鲁国。于是和弟子商量解救国难的办法,最后选派子贡去行"间"。子贡先去田常那里,又去见吴国、越国和晋国等国君,施展政治谋略。孔子此次起用子贡出外行"间",乱了齐国,灭了吴国,强了晋越,而使鲁国得以保全。

孔子用子贡进行间谍活动的故事在《国语》《越绝书》《吴越春秋》《史记》等书中都有记载,只是各有详略罢了。子贡的间谍活动,是《孙子兵法》所言"五间"中的"生间",又是《李卫公兵法》中的"间邻"之法。

孔子是为纾解其祖国之难而用"间"的,正如他自己所言:"鲁国是我们祖宗坟墓所在的地方,是父母之国,不能不救。"虽然这个父母之国对孔子缺乏应有的尊重和眷顾。

我最初知道孔子是在极其荒唐的"文革"年代。那时我是懵懂无知的少年,荒唐可笑地以为一个叫"孔老二"的开了个黑心的小店搞投机倒把,并不清楚现实的残酷、无情的政治斗争和两千多年前的"孔老二"是什么关系,对"孔老二"愤恨之下,更多了一份神秘和好奇。

后来才渐渐认识孔子,只是对他《论语》中的许多话一知半解、似懂非懂,这种困惑一直缠绕着我,挥之不去。然而当我看到许多学者将孔子与时期相近、影响巨大的西方教育家、思想家苏格拉底所做的比较研究,再细细一想,对孔子及《论语》有些方面的疑惑不解,倒不是全因我的才疏学浅。

苏格拉底是个纯粹的学者,以问答式谈话教学法闻名。他认为美德是知识,所以在尽心道德教育时用的是充分说理、追求智慧的方法。苏格拉底又是一个清醒的批判者,他坚持理性的尊严,不顾一切地追求认识的合理,而绝不考虑任何人的脸色。他公开宣称"真正坚持宣扬正义的人只能过平民的生活,而绝对不能参政"。

而孔子从事教育是为了维护旧的统治秩序,孔子给学生的教导基本上都是一句两句的简单训诫,他希望学生的是无条件地接受和服从,而不喜欢深入的提问和公平的论辩,更不喜欢对他训诫的论证和挑战。

孔子的高足子路推荐孔子另一个学生子羔为地方官,孔子说这是害了子羔。子路反问:"难道学习只有读书一种方法,就不能通过当地方官的实践学习?"而孔子不是进行解释,而是发脾气说,最恨的就是那些善辩的人,师生的对话应该说不欢而散。

孔子教导学生不要跟比自己差的人交朋友:"无友不如己者"同样是结论式、不容挑战和批评的道德要求。历史、现实和任何人物都不可能完美无瑕。而孔子却竭力美化西周的创立者和统治者,说他们是完美人格的化身,同样是要求世人无条件地接受和尊崇。孔子宣称上天将宗法制道德赋予了他,他本人就是这种完美道德的化身,自称"天生德于予",而孔子所灌输的德其实就是竭力维护等级尊卑的奴役秩序。

鲁哀公问孔子的学生宰予为土神祭坛种树的礼节。宰予说夏朝种松,商朝种柏,西周种栗,目的是威胁人民,"使民战栗"。孔子知道后责备宰予说,不应该把这个事实真相告诉别人,态度十分严厉。

这是否与之前宰予白天偷懒睡觉,对孔子不够恭敬有关,我不得而知。总之,那次孔子大发脾气,骂宰予是没法雕琢的腐烂木头,没法粉饰的粪土之墙:"朽木不可雕也,粪土之墙不可圬也。"孔子对学生的批评如此缺乏冷静,反感变成粗鲁,责备过于尖刻,表现出来相当严重的专制色彩。

而汉代以后封建统治者把孔子奉为圣人,美化、偶像化、神圣化,立庙朝供祭祀,使孔子渐渐非孔子,这一切孔子自己怎么也不会想到。但今天我们细想一想,还是有它的必然性的。

我说这些,绝非贬低孔子,也绝不会把封建专制的罪恶归咎于孔子,只是想,剥离附着孔子身上的粉饰和粘贴,尽可能还原出一个真实的孔子。虽东西方条件有异,但古老东方很少苏格拉底的理性、探究等,不能不让我们去反思、扭转、奋进。

当然孔子的有教无类、因材施教、温故知新等教学法,他对私塾教育的执着和使命感,都值得我们学习借鉴。特别是孔子用"间",纾解国难,这样的爱国精神和行动更是不可忽略的,永远值得我们铭记和发扬。

1995-03-30

改史与改判

  《战国策》和《资治通鉴》应该是品古问史的人最为熟悉的名篇巨著。知道东周列国的许多史实,《资治通鉴》是照录《战国策》的人一定不少,而知道司马光在照录时,作截然相反改动的人,恐怕不多。

  楚将淖齿计捉齐王田地后,《战国策》记载淖齿列举田地罪状时说:"夫千乘、博昌之间,方数百里,雨血沾衣,王知之乎?"王曰:"不知。""嬴、博之间,地坼至泉,王知之乎?"王曰:"不知。""人有当阙而哭者,求之则不得,去之则闻其声,王知之乎?"王曰:"不知。"《战国策》上,对淖齿的叱问,田地推了个一律"不知",而《资治通鉴》卷四《周记》四,此事直接引用《战国策》原文,只是"不知"处,一律改成了"知之"。

  揣度司马光之意,可能认为"不知"是极端昏庸,而"知之"却不受警戒,不思悔改,才是典型的暴虐无道呢,似乎更突出齐王田地的性行。可岂不知,一概"不知",随你便的架势,不更显示暴君的骄横吗?

  这且不说,关键是作为史学家的司马光引用原文,是不是有权把原文改得面目全非呢,是不是能够在没有事实根据时想当然呢?我想,这实为后世的史学家又推出一个不善之例。

  也许我学识浅陋,对于司马光,我是一直有些疑惑和腹诽的。

  宋代的朱彧在他的《萍州可谈》卷三记载:司马光闲居在西京,一天命一个老兵卖掉所乘之马。司马光对他说:"此马每逢夏天有肺病,如有人买,要预先告诉别人。"老兵私下里笑司马光笨,却不知他对人诚实的用心。

  这个故事可见司马光是心性诚实之人。可诚实也不是绝对的,还是要看表现在什么方面,如表现在政治斗争上,司马光的诚实用心可就改变了。

  作为良田、家奴无数,藏书万卷之多的大富豪,司马光作为保守派首领,王安石变法,他反对最为激烈。他在纠结朋党与变法者明争暗斗之十几年里,还有多少诚实心性呢?当然,这多少还在人们想象之中。但他与王安石在政见上是死对头,可就在一个普通的刑事案件上,竟然也水火不容,这就难以想象了。

　　这桩案件发生在北宋熙宁元年（1068）的登州某村。十三岁的阿云，深夜摸到韦大的茅屋，用柴刀砍伤酣睡的韦大。相貌奇丑的韦大前不久才成了阿云的未婚夫。阿云早先父亡，母亲又刚去世，被叔叔以几担粮食的聘礼卖给了韦大。阿云实在无法接受这样的命运才铤而走险，如此来抵抗噩梦般的生活。

　　县令按十恶大罪中的弑夫罪判阿云死罪。但宋代法律有个很超前的规定，地方政府不能执行死刑，要逐级上报，由最高司法机构大理寺批准，绝不草菅人命。案件报到登州知府许遵手里，他没按程序一交了事，而是深入研究卷宗，认为按法律规定，阿云在守母孝日期未满情况下的婚约无效，阿云不是韦大未婚妻，弑夫罪不能成立，阿云罪不该死，于是改判上报。可案件到了中央，一下成了大宋政治激烈交锋的焦点。王安石支持许遵的判决，但司马光等竭力反对，案件久拖不决，最终宋神宗支持王安石和许遵的意见，亲自下诏免了阿云死罪，改为有期徒刑。

　　阿云后遇大赦，很快恢复自由身，以后她又重新嫁人生子。但谁能想到，十七年后，宋哲宗继位，司马光得势，上台后即旧事重提，又以谋杀亲夫罪名将阿云逮捕，很快斩首示众。可怜这位弱女子终难逃恶魔，最终还是成了党争的牺牲品。司马光似乎终于出了一口曾经输给王安石的恶气。我不明白司马光为什么要改史，不明白司马光十七年后为什么还不放过已为孩子母亲的阿云，是什么样的一种邪火，让司马光灭失了诚善之性呢？

　　当然我还是欣赏他那个少年扬名的"司马光砸缸"的故事，欣赏故事中的少年司马光。为抢救落进水缸的生命，他是那么沉着、聪明、勇敢，而且那么有力量，若没有一定的力量是砸不碎那缸的。

1995-10-23

王安石"扮鸠"

俗云,有种鸠鸟,从不筑巢,每至冬季就弄脏全身,偷空钻进鹊儿的巢。鹊儿素有洁癖,瞅着被弄得脏兮兮的爱巢,无奈而去。鸠采用这种肮脏的手段,成功地霸占了雀巢。

未料,"中国十一世纪的改革家",文坛泰斗王安石也曾扮过鸠的角色。

据传宋神宗熙宁某年,王安石正厉行著名的"熙宁变法",以"理财整军"为重点,旨在改变大宋"积贫积弱"的面貌,洗雪大宋军事和外交上的屈辱。变法虽得到血气方刚、有所作为的皇上赵顼支持,但阻力巨大、斗争激烈,一时风诡云谲。这时有人乘其在外,给王安石府上送来一张嵌玉缀珠的华美铜床。其吴夫人欢心喜悦,惜爱有加。可这架铜床万万收留不得,奈何吴夫人不依,名相也十分惧内。情急之下,王安石取一下策:将自己喝得酩酊大醉,回来脸脚不洗,直奔铜床倒头便睡,床沿沿上呕吐物腌臜不堪。翌日再向夫人请示退床之事,已是忙不迭地答应,原来宰相夫人素有洁癖。

要想知道王安石取醉酒这一下策,是下了多大决心,不妨先读一读司马光在他的笔记中记录一事之后再来看看。

宋仁宗至和元年(1054),三十四岁的王安石和三十六岁的司马光被任命为群牧判官,两人的顶头上司就是大名鼎鼎的包拯。有一天群牧司衙门的牡丹花盛开了,包拯置办酒席请同僚们来饮酒赏花。王安石和司马光同桌而坐,两人平素都不喜欢饮酒,但因为是包拯敬酒,司马光碍于情面勉强喝了几杯,当包公敬到王安石面前时,无论包公好说歹说,劝了半天,王安石硬是一口不喝,弄得包公几乎下不了台。当时司马光对倔头倔脑的王安石曾大发感慨。

平民之间的礼尚往来,毋庸多究,人治社会的封建官场,问题就不那么简单了。有些东西复杂得成为玄妙无穷的学问,一般我等老百姓是甭想弄明白的,而处在关键时期,送礼就得警惕几分了。

宋神宗二十岁当上皇帝时,就已认识到"天下弊事至多,不可不革",他想到了上过万言书的王安石。王安石早就志向非凡,并认为做什么官不要紧,要紧的是能不能做事。他终于等到了能做事的机会。

可力推改革，自然要触犯既得利益者，自然要受到反对者以各种冠冕堂皇之大道理的攻击，再加上王安石又是个动机至上主义者。在他看来只要有一个好的动机并坚持不懈，就一定会有一个好的结果，因此面对朝中大臣一次又一次的诘难，王安石就是咬紧牙关，不改变信念，"咬定青山不放松"。

可是这光有美好动机却缺乏牢固政治基础的改革，施行中又有"坐此蔽而欲速之"（章衮《王荆公年谱考略》），所以那些攻击自然是震天动地，甚至连神宗也招架不住了。当面有致书谏议的，背后有蔑称他为"古今第一小人"的，更有说他"安石之误国，生遇孔子，必膺少正卯之诛"，切齿之中已闻到霍霍磨刀声了。

后人还根据研究认为，王安石的改革实际上帮了腐败的大忙。无数贪官污吏借改革之名，从中渔利，中饱私囊。不要以为贪官污吏怕改革，他们怕什么事情都不做。只要朝廷有动作，他们就有办法。比方朝廷要办学，他们能收办学费；朝廷要派劳役，他们就能收到劳役费。他们雁过拔毛的本领可也是世界一流的。改革出现这样的结果，这是王安石这样的改革者所始料不及的。

可见世道堪悲，完美之人遭人攻击陷害，都还有"欲加之罪，何患无辞"之事，更何况这位绝非完人、失误颇多的治世能臣呢。这位"天变不足畏，人言不足恤，祖宗不足法"人称"三不足"的王安石，深知铜床个中的厉害，不能不悚然而惧，岂敢顺从吴夫人之款款爱意，安然酣睡。

此可谓，床好梦难圆。

1996-02-15

东坡"作弊"

近日,偶读宋朝蔡絛《铁围山丛谈》卷二中的一段文字,不禁讶异一番。想不到以文章独步天下,诗词歌赋、琴棋书画冠绝神州的东坡居士,竟也有不解试题、考场"作弊"的"精彩"一页。

卷载,苏轼和弟弟苏辙坐在同一考场,参加礼部考试。不知何故,苏轼一时不知论句的出处,不明试题命意,无从下笔。于是对案低叹,且注目苏辙。苏辙会意,把笔管朝上一竖,用口向管子中间吹气。苏轼立刻领悟到这指的是《管子注》,于是冷绝冰塞的文思立即畅通奔泻起来了。

此事在宋代《瑞桂堂暇录》也有记载,不过说的是张方平试二苏的事,并且说对题有疑惑的是苏辙,以笔示意的为苏轼。但不管是谁,兄弟俩心有灵犀,"作弊"的技艺也是高雅脱俗,堪称一绝。

只是历史常有愚弄后人之处,我不免怀疑此事的真实性。恃才傲物的苏轼前前后后得罪了许多权贵而招致报复陷害,实为常有的事情。正史记载的"乌台诗案"且不说,单就叶梦得的《石林诗话》卷上所录的"乌台诗案"过程中的一件事即可以见出其仕途的险恶。

元丰二年(1079),苏轼因"乌台诗案"下狱,宋神宗赵顼本不想进一步追究苏轼的罪,先抓后放、恩威并施,换得你苏轼感激涕零而已。但宰相某某却说苏轼有不尊重皇帝的言行。这可是杀无赦、诛九族的大不敬之罪。神宗脸色一变,说:"苏轼固然有罪,但对我不至于无礼,你怎么知道的?"宰相于是举出苏轼《桧诗》中的"根到九泉无曲处,世间唯有蛰龙知"一联诗,并解释道:"陛下是飞龙在天,他却认为陛下不是知己,反而认为地下的蛰龙是知己,这不是蔑视君上吗?"神宗说:"诗人的诗句怎么可以这样解释,他咏他的桧树,和我有什么关系。"宰相某某一时语塞。

叶梦得在北宋也是个大人物了,可自己的著述中对宰相的名字都不提一字,可见他的小心翼翼。这欲置苏轼于死地的宰相就是王珪,也是个曾受人赞赏的笔杆子,但不知何故,对苏轼如此恨之入骨。幸亏神宗还有些英明,还能接受已退居南京的王安石、已病重卧床的老太后等人的劝告,以贬苏轼到黄州而了事。否则心怀叵测、巧舌如簧的王宰相只要凭淡淡几句,就可能使苏轼之死破了宋太祖的不杀士大夫的誓约,也就可能没有了光照千古的前后《赤壁赋》和"大江东去,浪淘尽,千古风流人物"的豪放之词。

苏轼得罪王珪,就一时倒了大霉。若是谁得罪了刀笔先生,舞文弄墨中雕上你一笔,非弄你个遗臭万年不可,也不是没可能的事。我读史不详,但我知道,读史不可不慎。

苏轼考场"作弊"一事,虽然还是弄不太清楚,但我倒宁愿相信有这事,因为苏轼是一个极富人情味的人,而恰恰这种人情味,让那些扭曲了灵魂或腐变了人味的弄权者莫名嫉妒。同时,人无完人,天不造完人,野史家取直存真,不苟心术,丝毫不因大文豪的盛名而客气,而后世读者也不会以一眚掩大德,丝毫不减损我们对东坡居士永恒的敬慕。

1996-06-24

唏嘘息露

拾起一块历史的碎片，看到春秋战国时期一个令人唏嘘的故事。故事的主人公是一位名叫息露的女诗人。

史载，宋康王宋偃一天北渡黄河，前往他新征服的魏国土地上巡察。走到封丘时，忽见一女子杏眼含春，貌若天仙。宋偃不禁神魂颠倒，想入非非。正两眼发花之际，那女子飘然不见。

宋偃就在桑林附近，建筑一个堂皇富丽的高台，名曰"青陵台"，日日专等美女出现，可美女再未亮相。宋偃大发雷霆，下令地方官员三天之内查明具报。

这位美女就是息露，虽一采桑织绩之女，却秀外慧中，才思敏捷。丈夫是封丘县衙舍人韩凭。宋偃派人携重礼访韩府，诱韩凭让妻。孰料息露一口拒绝，挥就一首诗作为回答。诗曰："南山有鸟，北山张罗。鸟自高飞，罗当奈何。"息露以鸟自喻，心高志坚，蔑视权势罗网。

然而纤弱的女子如何能挣脱强权的罗网？

韩凭对强权心怀怨恨，即被囚禁，判罪服城旦（服四年或五年兵役，夜里筑长城，白天站岗防敌寇）这种苦刑，息露暗中送"暖书"（含义隐晦的文字）给夫君。

"暖书"却被宋偃截得。

"暖书"为三句诗："其雨淫淫，河大水深，日出当心。"宋偃和左右不解其意，后有一文臣苏贺解道：其雨淫淫，言愁且思也；河大水深，言不得往来也；日出当心，言心有死志也。

韩凭被逼自杀，息露被国王的花轿"请"到青陵台上，求生不能，求死不得。宋偃恩威并用，欲封息露为宋国王后。息露作一首绝句回答"鲁有雌雄，不逐凤凰。妾是庶人，不羡君王"。宋偃读罢，恼羞成怒，欲强行非礼。息露诈称沐浴更衣祭拜亡夫后再服侍大王。宋偃满口答应。息露温泉沐浴，更换新衣，遥视空中，趁卫士没注意，突然冲向栏杆，自坠台下，香消玉殒。

想那宋偃何等人物，"面有神光，力能屈伸铁钩"，武力夺得王位，《史记》称其"东伐齐,取五城;南败楚,拓地三百余里;西败魏军,取二城;灭滕,有其地",当时号称"五千乘劲宋"。如此令诸侯闻风丧胆,令天下人为之侧目,为所欲为,却生生在息露面前力不从心,黔驴技穷。三军可夺帅也,却无法夺一弱女子息露之志,息露用自己的生命诠释了什么才是"富贵不能淫,贫贱不能移,威武不能屈"。

息露身后的故事更可歌可泣。搜查息露尸体时得到她沐浴时仓促写下的遗书:"死后,乞赐骸骨与韩凭合葬一冢,黄泉感德。"可暴跳如雷的宋偃连死人也报复,偏将他们夫妻分葬两处。数月后两座坟茔各生小树,树枝互相朝对方伸展,最终相攀相附,结成连理,有一对鸳鸯在树上交颈悲鸣。此事人们奔走相告,流传甚广。

这个故事有相关历史文献记载,但有人认为故事较详尽记载在东晋时期干宝的《搜神记》上而怀疑故事的真实性,因为《搜神记》太过神话传奇色彩,为小说家言;故事又与汉末名作《古诗为焦仲卿妻作》较多类似。

我不能否定这些不无道理的怀疑,但我却宁愿相信这个故事是真的,息露这个人物是真的,因为中国历史任何时期从不缺乏这样的女子:美丽、坚贞、聪颖、胆识过人、富有才情和创造。只不过政坛、文坛等方方面面千方百计地算计她们,让她们风云诡谲、星光黯淡。

诗人往往命中多舛,况绝代佳丽的女诗人。息露的死是诗人的不幸,也是诗的不幸。

1997-03-29

姜夔"嗜"柳

莘莘学子中的我，认识"白石道人"姜夔，是从读他的丧乱词《扬州慢》起。"自胡马窥江去后，废池乔木，犹厌言兵"，"纵豆蔻词工，青楼梦好，难赋深情"，"二十四桥仍在，波心荡，冷月无声。念桥边红药，年年知为谁生"。每阕每章，每层每句，都能引发我们千般感慨，万种凄楚；读来既百味滋生，又荡气回肠。

《宋七家词选》中，戈载称姜夔为"词圣"，我认为有过誉之嫌；但刘熙载《艺概》里赞美姜夔为"词仙"，倒也是实至名归。特别是他无论诗词，都能用健笔写柔情，情深韵胜，不用粉泽浓妆，丰神独绝，近乎仙家所为。

"知人论世"确属一个行之有效的学法。姜夔在南宋文坛真是一个"三好"之士，他好学、好客、好藏书；常囊中羞涩，可家中藏书汗牛充栋，家中食客不曾断过。一生未仕的布衣，往来鄂、赣、皖、苏，随遇而安、开朗胸襟中尽是湖山幽寂、鸥鹭纷飞、残柳参差。

不过"知人"渐深也可怕，一不小心触及他人的隐私，就有些对不住了。

其实，姜夔不愧一代杰出词人，这是他人生主要的一面，而他的另一面是他的风流多情。他并没讳莫如深，他的诗、他的词，早已藏抑不住他的风情、他的真爱，他的很多"绝唱"都与他的情爱有关。而解读情爱的密码就是千缕夹道，依依可怜的"柳"。

柳作为古典诗词里常见意象，多象征离情别恨或依依柔情，而姜夔却别有款曲，他是将寓居合肥相识相恋的两位歌女姊妹都喻指为"柳"了。

《点绛唇》"绿杨低扫吹笙道"，《琵琶仙》"千万缕，藏鸦细柳"，《浣溪沙》"杨柳轻寒犹自舞，鸳鸯风急不成眠"，《醉饮商小品》"又正是春归，细柳暗黄千缕"，大量以柳比喻姊妹歌女的诗词将这段刻骨铭心的情史巧妙地载入词家心灵深处。

此后，他辗转江湖数十载，无论走到哪里，都是旧情难忘，魂牵梦绕，以至他在湖北沔东又迷上姊叫莺莺、妹叫燕燕的姊妹，写下了"燕燕轻盈，莺莺娇软"的《踏莎行》。

又有一年冬天,姜夔听说范成大要去合肥,就在一个雪花飞扬的夜晚,找到范成大府上,托好友将他赶写的诗词交给那姊妹花。真情深意,让范成大也感动不已。从这件事一个侧面可以看出,清贫孤苦的姜夔能让姊妹花爱恋的恐怕就是他诗词文章、书法音律的才华和闲云野鹤之人的用情至深。姜夔一生没有功名,也非腰缠万贯,常寄人篱下,真的要是逢场作戏,岂有这几十年的魂牵梦绕,实在是一个性情中人。

说到这里,又记起曾读到的一件事:姜夔曾寄寓在吴兴的张仲远家。张仲远常因事出门,其妻识字,却生性妒忌,屡屡偷拆给她丈夫的来函。姜夔戏作《百宜娇》词赠给张仲远,虚构张仲远的风流艳事,不料被张妻看到。张仲远回家后,有口难辩,脸面都被其妻抓破了,好几天都不能外出(事见清代厉鹗《绝妙好词笺》卷二引《耆旧续闻》)。

落拓到常常寄人篱下的姜夔,原来还如此童心不泯,也爱搞个恶作剧什么的,这番顺情由性,反倒让人可爱可亲,而写起风流艳事的绝妙好词,更是拿手好戏,只是害苦了好友,不知该如何赔罪。

1997-06-22

陆游矫情

　　"红酥手,黄縢酒,满城春色宫墙柳。东风恶,欢情薄,一怀愁绪,几年离索,错,错,错!　　春如旧,人空瘦,泪痕红浥鲛绡透。桃花落,闲池阁,山盟虽在,锦书难托,莫,莫,莫!"陆游一曲《钗头凤》,凄凉哀怨,字字血,声声泪,句句寒箫呜咽。然而它成就了绍兴的沈园,却使一个才情卓异、挚情不凡的青年女子命赴黄泉。

　　每当我吟诵起"楼船夜雪瓜洲渡,铁马秋风大散关""逆胡未灭心未平,孤剑床头铿有声""铁衣卧枕戈,睡觉满身霜""上马击狂胡,下马草军书"等众多的爱国诗篇,大诗人陆游的英雄形象,让我们由衷敬佩。特别是他弥留之际的遗言诗《示儿》"王师北定中原日,家祭无忘告乃翁",悲壮之情应是感天动地而风起云涌,综观陆游八十六岁的传奇一生,他的确无愧伟大这个指称。

　　然而细一推敲陆游的《钗头凤》,不免觉得陆游过于矫情,对他的珍爱——前妻表妹唐婉,是一种摧残,一种不负责任的煎熬,一种自我本位的伤害。"东风恶,欢情薄","恶"和"薄"情的诅咒对象绝不会是孝子的母亲,"错,错,错""莫,莫,莫","错"又指责着谁,"莫"又决绝着什么。他要知道,"公开发表"在绍兴沈园一处园墙的《钗头凤》,宣泄了自己的失恋之痛,甚至隐发了自己的莫名醋意,却使已开始走出羞辱远离逼迫,并且逐渐享受新的婚姻幸福的年轻美丽的少妇唐婉,从此重新走向痛苦而溘然长逝。

　　较为了解陆游的读者都会知道,陆游与表妹唐婉的婚姻解体,罪魁祸首是陆游的母亲,是她看不起自己的内侄女。是怕侄女与儿子过于缱绻耽误儿子的功名,还是怕侄女的柔情蜜意使儿子对妻子的千依百顺冷落了久熬成婆的老太太?总之,她毫不留情地给儿子与唐婉的幸福婚姻判了个死刑,立即执行。

　　也许是责备自己的软弱和妥协,也许是怨尤岁月的无情、世道的不公,陆游发自肺腑的倾诉自是催人泪下,沈园偶遇改嫁后的表妹,自然感慨万千,愁怨交结,然而分手就该放手,爱情该转为亲情,缕缕情丝该化为拳拳祝愿,各自应该努力去爱现在的妻子或丈夫才是,怎能让另一个女人或男人去承受不公呢?"士之耽兮,犹可脱也。女之耽兮,不可脱也。"陆游应该知道这个道理,应该知道多愁善感的表妹依恋他的后果,应该知道备受伤害的表妹读懂他的倾诉和表白后,心房会是怎样的痛。爱她就该让她过得快乐,爱她就该帮助她好好进入新生活。陆游自号"放翁",为何不能放表妹一条生路呢,又何苦日后对表妹的早逝频频致献悼念的诗篇呢。

近人对陆游和唐婉以两首《钗头凤》演绎出来的悲剧故事多有疑问。有人考据《钗头凤》一词是陆游在范成大蜀地过上一段"不拘礼法,恃酒颓放"的生活下,赠送蜀妓之作。"塞上长城空自许,镜中衰鬓已先斑。"在国事颓靡、壮志未伸的愤慨和悲叹中,陆游纳妾蓄妓自寻慰藉还是有些勇气和率性的。才华横溢的诗人作诗容易,做事难,做人更难,痛恨艰难中求些慰藉,传出一些风情绝世的事,还是正常的。但如果真相就是"沈园题写《钗头凤》,唐婉读罢抑郁终",那么大诗人就该为自己的矫情自责了。

1997-10-21

孟子有失

孟子,战国中期邹国人。曾自称自己是个天才,而实际上此言丝毫不虚,他真正是大师级的思想家、教育家和散文家。

我很早就熟诵他的"得道多助,失道寡助""生于忧患,死于安乐""富贵不能淫,贫贱不能移,威武不能屈""天将降大任于斯人也,必先苦其心志,劳其筋骨,饿其体肤,空乏其身,行拂乱其所为,所以动心忍性,曾益其所不能"等。每每吟起这些经典励志之语,或情不自禁,或倍感激励,有着让人回肠荡气、气贯长虹的感受。

孟母三迁到学宫旁,他就开始学做祭祀和揖让进退的各种礼节。他是孔子的孙子子思的学生的学生,却能超越数代,与孔子相提并论。特别是他的"民为贵,社稷次之,君为轻"的民本思想更是震古烁今,就此见识而言,实际上远超越了孔子。两千年来"民贵君轻"一直是一种不灭的道义和不渝的理想,也难怪后世不少皇帝对他耿耿于怀、恨之入骨了。

孟子以"王道""仁政"的政治理想,不辞艰险,历游齐、宋、滕、魏等国,以绝妙的比喻和雄辩,说服诸侯停止"无义之战",揭露"残民以逞"的行为是"率土地而食人肉,罪不容死",痛斥不仁不义的统治者是民贼独夫。可见他确实是一位大仁大义的贤圣,的的确确是攻伐不断、杀人如麻的战国时代的一只和平鸽。

血迹斑斑,不忍卒读的《列国志》中却有这样一个记载,窃以为大圣人也有小失误。话说燕国的蓟城正展开一场空前规模的内战,达数月之久,"构难数月,死者数万众,燕人恫恐,百姓离意"。齐国见此,遂有吞并之心。齐王田辟疆先致意内战之一方:你用兵是出于"礼仪",如需效劳,随时吩咐。此时正为"齐卿"的孟子,撇开了自己一贯的"仁义"主张,置百姓水深火热于不顾,鼓励田辟疆发动侵略。他说:"这是天赐良机,现在如果对燕国用兵,那可是又回到了姬昌姬发时代,千万不可错过,一旦错过,以后再没有这种良机了。"终于,十万齐军,长驱直入,于是又"争土以战,杀人盈野,争城以战,杀人盈城"了。

史书上语焉不详,我不能妄做猜想,总之此次孟子鼓励田辟疆攻打燕国的前前后后,因多闪烁其词而不能识庐山真面目。

如果按孟子自己倡导的方法"知人论世",就可看到孟子自身的矛盾之深。孟子是着意养成自己的浩然之气的。他以学问立世,以文章载道,以仁义参政,创造了许许多多的难能可贵,应该说孟子是有原则、有坚守的。

在春秋战国时代,诸侯竞相兴行招贤养士,而这些贤士们大多非有政见有原则的政治家,而多是玩弄谋略权术、翻云覆雨的政客。孟子很讨厌这些人,并说过这样的话:人不可没有羞耻之心,玩弄权术、机谋巧诈的人,就是不知羞耻的人。

当时有一个叫景春的策士,十分推崇说客中的公孙衍和张仪,并夸耀他们了不起,说他们一安静下来,天下就太平无事,一发脾气,连诸侯都害怕。孟子听后反驳说:"公孙衍和张仪这号人,根本不是什么大丈夫,而是依仗权势作威作福的政客。真正的大丈夫应当是得志的时候,能够同老百姓一起遵循着仁义的大道前进;不得志的时候,也要独善其身坚持自己的原则。真正做到富贵不能淫,贫贱不能移,威武不能屈。"

无疑孟子的话语是理直气壮的,是意义进步的。可孟子在日常现实具体行为之中,如在齐国君臣面前那番激昂慷慨得有些急不可待的战争动员,与策士、政客之言行何异?

自古及今,高妙的理论和实际的行为相互背反、言行不一的事,实在是太多了。很多事情,说来容易,做起来难;矛盾错综、形势复杂的环境中做起来就更难了。孟子是否属于此类情况,不便妄猜。倒是圣贤的光环不再耀眼,让人能够看出一些真实来,颇绝怡然。

只是爱弄个水落石出的劣性使我无法释怀,孟子缘何有失,是希望回归"姬昌姬发时代",还是想通过"义战"来消灭不义之战?"姬昌姬发时代"就是仁义之时代?战国之战有多少是为义战?真是百思不得其解。

1998-02-12

范晔太傲

闲时浏览二月河的历史小说《康熙大帝》,曾注意到这样的一段文字:近侍武次友给康熙讲《后汉书》,武笑道,班氏之《汉书》,固可以下酒,然据愚意看来,范晔的《后汉书》中,也有不少篇章是绝妙好辞,可以永垂不朽的,只可惜了一件事,大污了他的声名。

这句话是有来由的。范晔吃亏就吃在一个"傲"字上,他太傲。他曾这样炫耀自己的《后汉书》:比班固的《汉书》还要高明,是"天下之奇作",说《后汉书》中的篇章,也不次于贾谊的《过秦论》,连自己也造不出合适的词儿来形容这部奇书,自古史书中没有一部可与《后汉书》媲美的。

认真核对沈约的《宋书·范晔传》以及《资治通鉴》,上述内容的确是有根有据的。

在那可以作为《后汉书·自序》的"狱中与诸甥侄书"中,范晔自己首先承认"我因狂妄自大造成了灾祸以致覆灭",按理这可以说明范晔是有自知之明的;接着发表了他的"以意为主,以文传意"文学观,这是很能被我们接受的;然后就是一大段有比较、有衬托的精彩的"自我表扬"了,即如"《后汉书》中的赞,自然是连我文章中所表达的杰出思想,几乎没有一个字是虚设的;它奇变无穷,相互配合,是自己都不知道该如何赞扬的绝作"。

很有意思的是,范晔对自己的"自我表扬"还不乏直率地做了说明:"自古以来体大思精的著作,没有一部能像《后汉书》这样的,我怕世人不能完全理解它,因为他们多贵古贱今,所以尽情狂言罢了。"

从古至今,时人"多贵古贱今"应该不假,但"尽情狂言"实在有些轻率了。不仅不能让世人完全理解,反而贻笑天下了。

范晔的自负恐是两千多年的华夏文坛不多见的,特别是儒教主导下士大夫崇尚温良恭俭让的文化背景中,这些比较另类的表达,用今世俗话说,就是吹牛了。

吹牛是人类的通病。古今中外,各人吹牛的方式、程度、性质不同而已。有些人吹牛是可怜的虚荣心找到一种自欺欺人的满足形式,有些人将吹牛包装成博名营利的精美展品,有些人吹牛竟创造了仕途得道的升天奇迹,凡此种种,不知凡几,将吹牛呈现出了人生百态,演绎过了血泪相融、五味杂陈的悲喜剧。

中国人似有吹牛的传统,范晔也算个例证了。今世更有发扬光大的,20世纪50年代末某地水稻亩产四万三的吹牛记录,早被许许多多自吹自擂、自卖自夸的王婆们打破了。

吹牛是要付出代价的。代价的大小当视吹牛的是什么人,处在什么位子,吹牛的动机和性质是什么,这是大有区别的。倘我等平头百姓于三五朋友中,牛皮吹破了,只不过过个嘴瘾,或引嘲笑,或被暗讥,代价不过是牺牲了谦虚之美名,无足轻重。但处于老百姓托付的公职要职之位,不管是谁,出于什么动机,吹牛都是万万不能接受的,因为那吹牛是要民族、百姓付出巨大代价的,是要让历史倒退的。

范晔的吹牛,归根结底是为了追求名利。范晔少年时,他的哥哥范晏经常说:"这小子追求名利,最终要破败范家的门户。"结果真的被不幸而言中,范晔也为此付出了极其惨痛的代价。

《资治通鉴》记载,范晔是因为参与谋划迎立彭城王刘义康为帝一事而入狱。行将处死时,这位自以为一代英豪的史家,与妹妹等诀别时,却泪流满面。这倒使我们一睹这位傲杰的真实面目。

好在范晔吹牛,还有《后汉书》作后盾,应该说范晔还是有些资本的。如今我们必须提防、必须识破的,倒是那些不学无术、欺世盗名甚而翻云覆雨的吹牛家们。

1999-04-27

"仓鼠"李斯

李斯是短命的秦王朝里绝无仅有的散文名家。他的《谏逐客书》铺张扬厉，骈形赋韵，文采斐然，具有纵横家的恣睢捭阖和政治家的雄韬宏略，这也奠定了李斯在文学史上的地位。而作为政治家的李斯，除了建议始皇"焚书坑儒"的"政绩"外，倒有两个故事，颇能显出这位政治家的"人生境界"，原来李斯千方百计谋求并竭力巩固的人生，不过是"仓鼠"而已。

一是李斯早年为楚国上蔡的小吏，因受生活在茅厕旁和粮仓里的老鼠境况的迥然不同触动，不甘再如厕鼠，过厕鼠一样的生活，故拜荀况为师，与韩非同学，学习"帝王之术"。功夫不负有心人，李斯学成，看到自己的楚国没有希望，即辗转入秦，被吕不韦任为郎官。他揣摩、迎合秦王嬴政（秦始皇）的心思发挥他的文学才华，写了一篇《论统一书》，劝秦王嬴政趁周室衰微、秦势大盛之际，"灭诸侯，成帝业，为天下一统"，升为长史，再升为客卿，终于寻求到了"仓鼠"一般的新生活。

可就在此期间，秦王嬴政发现替秦国兴修灌溉渠的韩国水利工程师郑国是韩国派遣的间谍，郑国的任务就是要通过修渠来消耗秦国的国力，不能对韩国用兵。于是嬴政接受宗室的建议，下令逐客。李斯是楚国人，也在逐客之列，为免除被驱逐的命运，在勒令出境的途中，充分发挥文学的实用功能，写了《谏逐客书》一文，并求人上呈。结果有惊无险，不仅免去了被逐出境的狼狈结局，反而被升为最高司法长官"廷尉"，保住他难得的"仓鼠"生活，

二是为李斯精心设计、巧妙谋划，害死了自己的同窗学兄韩非。

韩非是韩国王室贵族出身，博学广识，才华超凡。李斯与他同学于荀况时，就自叹不如，心有所忌。跟李斯不同，韩非学成是回国效力。他多次上书韩王变法图强，可始终不被采用。韩非有口吃的毛病，这反而促进他著书立说。《五蠹》《说难》等合为《韩非子》五十五篇，成就了韩非哲学家和法家学说集大成者的历史定位，并为第一个中央统一专制集权制国家的诞生提供了理论依据。秦王嬴政成为韩非最狂热的粉丝，不惜发动战争来强迫韩王让韩非出使秦国。

韩非到了秦国,他的法、术、势的一套,深得秦王嬴政的喜欢。李斯坐立不安了,他一面亲近老同学,套出老同学一些私房话;另一面开始散布谣言,寻找倒韩的良机。

实际上,韩非政治上还是天真的,甚至傻得可悲。面对嬴政的喜欢,韩非就有些不知道自己是谁了,他竟然打起嬴政另一宠臣姚贾的小报告。说什么姚贾在魏国盗窃、出身微贱等。李斯抓住这千载难逢的良机,巧妙鼓动了姚贾出面诬陷韩非,自己在背后做足了功课,然后对秦王说"韩非是韩国的公子,现在您想要并吞诸侯,韩非最终会帮助韩国却不会帮助秦国,这也是人之常情。现在您不任用他,久留之后让他回韩国,这是给自己留下后患啊,不如以他违法的名义杀掉他"。

这是《史记·老子韩非列传》中记录的李斯的话,也许他已猜透秦王的心思,说出了秦王想做又不便说出来的计划,玩政治的高手啊,再加上另一高手姚贾的强强联合,韩非在劫难逃了,自杀的毒药还是老同学亲手奉上的。

也许有人认为,韩非是死于他自己向秦王提出的"存韩灭赵"之策略,是他保全祖国的情感用事阻碍了秦王的统一大业,但李斯的所作所为不也是用心险恶吗?

由此可见,李斯对"仓鼠",即对富贵和权势的贪恋到了何种程度,而正是这种极端的贪恋,利令智昏,其致命弱点彻底暴露,进而把自己和家人推向毁灭。

最怕死的秦始皇为逃避死忌,遵卦"游徙吉"而外出巡游,终丧命沙丘的行宫。身为丞相的李斯,担心始皇长子扶苏登基后会另用蒙恬为相,届时自己的"仓鼠"地位不保,更禁不住比他技高一筹的奸臣赵高一番"肺腑之言",有些无奈地与赵高合谋。沙丘矫诏而废长立幼,扶持二世胡亥上台。李斯由此老老实实地上了赵高一个天大的当,并在赵高层出不穷的花招中,入狱受审,腰斩示众,夷灭九族。

李斯以文人害文人尚算内行,与小人相斗还是太嫩。据史书记载,处决的那天,满头银丝的李斯老泪纵横,痛悔莫及。过了四十多年的"仓鼠"生活,此时再想倒回过去,牵着黄犬上蔡东门去打兔子,重新过"厕鼠"那样的生活,实在太晚了。

1999-06-23

朱熹"造孽"

朱熹在历史上可算一位杰出的哲学家、教育家。他的理学自南宋以后,成为官方哲学,所著《四书集注》,钦定为知识分子必读教材。其中的注解作为正统观点和标准答案,支配中国思想界达六百年之久,自己也被后世奉为圣人。

有些人还用这样的话赞美他:"为天地立心,为生民立命,为往圣继绝学,为万世开太平。"可见朱熹对后世的世界性影响之大。

其实朱熹的"理学"思想,主要就是通俗的儒家教化。他把《论语》《孟子》《大学》《中庸》加以通俗化、具体化。他为儒学的复兴不遗余力,为编制封建统治秩序合理性和永恒性而鞠躬尽瘁,他对封建儒学教育的贡献应是居功至伟的,但他的局限性同样是极大的。只是个中的道理艰深,姑且不论。

单说他品性为人,就有一事可说。

南宋孝宗时,台州太守唐与正(字仲友)少年高才,风流倜傥,言行不羁,对朱熹有不恭敬言行,恰又被朱熹好友陈亮(字同父,理学家、诗人)慊恨,说知朱熹。朱熹决意要报复唐与正,且从他喜欢的天台名妓、女词人严蕊开刀。朱熹本想一个风月场上的柔弱女子,稍动刑拷,敢不招与唐与正通奸?这就可以据实对唐参本治罪了。幸亏朱熹没能邀得至尊宠幸,否则何须麻烦,一个"莫须有"就可遂了报复之心。未料,好一个严蕊,却是铁石般性子,任你朝打暮骂,千捶百拷,一月多,反复总一样的话:只唱曲吟诗,供官人饮酒助兴,无一毫别的事。严蕊宁死也不肯污人清白。直憋得朱熹齿牙痒痒,调任前还一直刑逼严蕊,弄得天怒人怨。

这件事宋史和明清笔记多有涉猎。明代凌濛初《二刻拍案惊奇》更是铺张演绎一番。这件事朱熹自己也无法否认,这跟朱熹在"伪学逆党"案件中,违心地向皇帝检讨,无可奈何地承认强加他的"私故人之财""纳其尼女"的罪名,是完全不同的两回事了。

"伪学逆党"案是当时的监察御史沈继祖捏造朱熹的罪状——霸占友人的家产,引诱两个尼姑做自己的小妾。面对政坛上的攻击,朱老夫子百口难辩,只好向皇帝承认检讨,还为显示认罪态度的诚恳,说了也许最不该说的话:"深省昨非,细寻今是。"最后朝廷罗织了一个子虚乌有的"伪学逆党",朱熹不久也在凄凉孤独中去世。

这场冤案终在九年后平反,已作古数年的朱熹虽受殊荣追赠,他蒙冤之际遇倒是让人同情,像天底下无数含冤受屈的人们受到善良之同情一样。

只是朱熹在蒙冤受屈之际,是否想到了那个被他恶毒摧残、任意践踏的严蕊呢? 就像某些人被人所害时是否想到自己曾伤害过的人呢,是否内心萌生一些自责、觉醒和忏悔?

其实,严蕊本出身名门,幼读诗书,风华绝代,不幸沦落红尘,即沦为当时台州乐营的营妓。她是史有所载的南宋女词人,为中国历史上唯一有作品传世,并且入选《全宋词》《宋词三百首》《唐宋诗词选》的风尘才女。她的代表作《卜算子》就是朱熹调任之后的申诉词,要求脱离苦海,辞情婉丽,意志坚强。

这刑讯严蕊时的朱熹已经是跟皇帝说得上话的人,能向皇帝建言迁都南京和"修政事,攘夷狄""复中原,灭仇虏"了,但怎地没想到理学大师如此野蛮暴力,红尘弱女子怎地那么坚贞不屈,牢狱之灾竟如此成就才女千古英名。这真有些匪夷所思了。

朱熹与唐与正到底是私仇还是公恨,一时众说纷纭。

朱熹曾连上六本奏疏,弹劾唐与正行为腐败,贪赃枉法。

这究竟是你疾恶如仇,还是你权争之斗,都是可以理解、可以尊重的行为。但是捕风捉影甚至借无中生有的男女关系来整倒对手,虽无法考证是谁的发明,但朱熹这样的行为就有些可耻了。

如果是别人来这么一手,倒也不太奇怪,可对一代大儒的朱圣人来讲,不能怪你未能建善言以救南宋之弱,不能怪你无一善政御强敌之侵,只这对一无助之弱女子,造下如此之孽,窃以为这实在是朱熹一大人生败笔。

1999-07-29

韩愈哭险

《旧唐书》《新唐书》等新旧唐史中的韩愈,其文学家、哲学家还有政治家的历史地位颇为崇高,官修正史的盖棺定论多是旌表称颂。这的确不是后人的恭维,更不像如今势利网中的肉麻捧场。 只是正史中的韩愈总像是大大小小的庙中供奉的一个肃然仰视的偶像,令人敬而远,望难亲。

近日在唐代李肇《唐国史补》卷中,读到韩愈一件事,堪知其一个人格侧面,更能体味这位历史名流的一些血肉情性。

却说韩愈喜欢探险,曾与宾客一起攀登华山最高峰。上去之后,觉得险象环生,一时判断再也难以下山,饥寒交迫,恐是一死难逃。于是写下遗书,发狂恸哭起来。后来幸亏华阴县令闻讯赶到,多方设法救得韩愈一行下山。而韩愈险境中毫无禁忌地恸哭,一时传了开去。《太平广记》、宋代王谠的《唐语林》都记有此事。

大丈夫临危不惧、视死如归,是古往今来人们崇尚的豪杰壮举。而此事发生在韩愈身上,未免显得韩愈有些怯懦之心、猥琐之态了,似乎一时伤了我敬慕的感情。

韩愈一生,可用大文豪苏轼对韩愈推崇备至的文、道、忠、勇四个字来肯定他一生的功绩和事业。

这四个字化为四句话就是:文起八代之衰,道济天下之溺,忠犯人主之怒,勇夺三军之帅。

"文起八代之衰"主要指他领导古文运动,"师古"又能"变古","文以载道""不平则鸣",将中唐散文、诗歌从理论到创作推向了一个繁荣期。韩愈传世名作如《原道》《论佛骨表》《师说》《杂说》等,篇篇脍炙人口。

"道济天下之溺"主要是指韩愈尊儒排佛。这句评价虽有些言过其实,但基本能够说明韩愈在儒家的道学思想上是有很高追求的。

"忠犯人主之怒",苏轼这句话是说得很准的。韩愈当上刑部侍郎时,恰逢唐宪宗自凤翔迎佛骨至京师,王公庶士奔走膜拜,韩愈对此深恶痛绝。于是奋不顾身,上了一道《论佛骨表》,竭力谏阻,言辞尖锐,态度坚决。果然触怒宪宗,要以死罪论处。可见这个评语名副其实。

"勇夺三军之帅"也确有其事。那是韩愈担任兵部侍郎时,镇州兵乱,杀节度使田弘正,私立王廷凑。韩愈深入敌营宣慰王廷凑,既严词斥责,又晓以利害,终使得叛军归服中央。

如此想想,韩愈立言济世,不畏时俗,敢犯龙颜,黜陟寻常,忧患饱尝,何惧入险一死? 所以对哭险这事多有些不以为然。宋代沈颜《登华旨》、宋代谢逸《读李肇国史补》,都曾言之凿凿地声明韩愈绝无此事。

然试读韩愈本人的五言古体《答张彻》一诗就可以知道,《唐国史补》记韩愈华山之事,确是实录。

三岁而孤,由嫂嫂郑氏抚养成人的韩愈,个性或有异处,又感于身世的辛酸、仕途的挫折,胸中块垒久积弥重,不平总会一鸣,当身临绝境,感情代替理性,冲破束缚,忘怀仪态,失声恸哭,难道不可理解?

况且,人无论尊卑、贵贱、贤愚,于死亡面前,还有什么要伪装的,又有什么放不下呢?

1999-08-31

屈子，我想对你说

我不会穿越历史，也无法穿越未来，难能追溯久逝的光影，哪怕能模糊中见到一点点屈原的背影，也可以慰藉我对屈原久存的苦恋和追慕。

"长太息以掩涕兮，哀民生之多艰""亦余心之所善兮，虽九死其犹未悔""佩缤纷其繁饰兮，芳菲菲其弥章"等，众多优美情深的诗句，像阳光、空气和水让我的精神天地富有朝气，生机勃发，也让我感怀诗人的创造进而渴盼上苍能显示诗人的风采。

可我只能在世人丢弃的书卷里，一行行一页页，寻觅你那伟岸的身姿、仰天的头颅、赤诚的丹心，寻觅你那汨罗江畔的孤独徘徊、披散头发、跌跌撞撞的身影。

每次在沉重的页面文字中朦胧地与你相逢，你总是在方块字的笔画聚散中幻化成形，却又倏忽地轻烟散去，把神秘、兴奋、怅惘、遗憾统统留给了我，重又激发了我收拾行囊，去寻踪探索，期待蒙受来自你遥远时空的心灵启迪。

如果我真能够在精神的天空与你相遇，我最想请问你的是，楚国一时被灭，可楚歌不灭；国土一时沦丧，可百姓还在，真的就该如此绝望，如此轻生吗？你不该坚持你的"路曼曼其修远兮，吾将上下而求索"吗？

你是备受后人爱戴的伟大诗人，你纵身跃进滔滔江水，老百姓将对你的情怀化作多情而热烈的永久节日，我如此唐突地追问，也许有人不屑，也许有人敲我板砖，但我不怕露了自己浅陋可笑，坦白自己的迷惑，真希望能得到你的指津。

我知道你学问渊博、才思敏捷、"娴于辞令"，我知道你以远见卓识和非凡才能渐受怀王赏识重用而一时得以发挥改革才干，我还知道坚持"美政"的你渐受子兰、靳尚等嫉妒谗害而几度遭贬。可是你是知道的，楚国的大权旁落于新旧贵族后而充斥的腐败和罪恶，你热爱的百姓正饱受权贵的盘剥压榨和战争的惨重代价，这样的君值得你的忠贞吗？这样的政权值得你留恋、值得你拯救吗？

你是知道的，在你生活的那个特定历史时期，许多有志之士，往往志在天下而不是一国。就比如历史影响可媲美你的邹人孟轲，他在本国不受重用，即游历于宋、齐、魏等国，当过齐宣王的客卿，不同样实现人生价值，获得天下赞誉？

而以你的才干和远见，以齐、魏、韩等国对你的了解，特别是齐王对你的欣赏和尊重，受到重用并非问题。可你离不开祖国和灾难深重中的楚国百姓，楚国百姓也舍不得你这位三闾大夫，你也绝不做某些现代人表演的"曲线救国"，这也正是你的伟大之处。

可我根据很难准确的记载，你从三十六岁在汉北流放几年到四十三岁再次流放后的约二十年，不知道你创作《离骚》《招魂》《天问》《涉江》等著名诗篇之外，在漫长之路，你具体过着怎样的生活？二十多年，你不是专业作家，靠不了国家的工资补贴，你又是依靠什么生活？想象你的流浪颠沛和贫病交加，想象你的形容枯槁、面色憔悴，真令人心碎。

我还这样想象：你或回老家秭归，或"卜居"一穷僻乡村，结草庐几间，辟野地数垅，然后开馆收生徒若干，岂不让这些学子三生有幸，岂不使天下学子慕名而至，岂不如孟轲那样"得天下英才而教育之"，虽不能"教育救国"，但你也许会找到自己在百姓中的最好位置，而端午节也许只是因为丰收庆祝或运动健身而诞生，这意义多大啊！

更为遗憾的是，你的轻生而给后世开了一个先例，做了一个不好的榜样。那后世千千万万轻生弃世的文人墨客多少受你的影响哩。生命最可贵。我真希望在挫折摧残下的人们，应该有生命的珍惜和坚强，有生命的宽广和韧性。

我永敬慕你，但我真不赞同你的轻生。

1999-11-23

李白曾折腰

很早就知道大诗人李白的"高力士脱靴""杨贵妃磨砚"等广为传诵的奇闻逸事，也熟记杜甫赞慕得有些夸张的"李白斗酒诗百篇，长安市上酒家眠。天子呼来不上船，自称臣是酒中仙"，更津津乐诵他的"安能摧眉折腰事权贵，使我不得开心颜"。诗仙李白傲岸不屈、蔑视权贵的形象，如同人们刻骨铭心的初恋记忆，美好而深刻。

而近日得空，较多地欣赏诗仙的作品，有些惊奇地发现，诗仙李白一生并没有远离权贵，并且也常有对权贵折腰之举。这未免有些让他的粉丝们大跌眼镜。

从青年时代起，李白就拿着当时叫投刺的"名片"，到处拜访从京城来蜀地的权贵官僚，期待"十年寒窗脱青衿，一朝能为帝王师"。开元十三年(725)，二十五岁的青年李白东出三峡，漫游东南各地，展开了广泛的交结权贵活动，先后向多地官员上书拜见，而且做了唐高宗时宰相许圉师的孙女婿，虽然失望的结果是"酒隐安陆，蹉跎十年"，可希望权贵向皇上举荐自己的渴求之心依然强烈。十年后，他初到长安，就谒见宰相张说的儿子、驸马都尉张垍这个"官二代"，以及宁亲公主和一大批朝臣大官，东奔西走，竭尽敬诚礼献。

只是权贵并未助他"攀龙见明主"，倒使他满怀愤愤不平之气，悻悻出京，开始了一段山林蒿芦、栉风沐雨、"跨蹇寻诗"的隐居生活，创作了备受称赏的《蜀道难》《行路难》等著名诗歌。就在畅抒胸中磊落激愤之气同时，李白仍有心交结与皇室关系密切的道士，试图走成那条世俗垂青、贵族揄扬的"终南捷径"。

终于等到"仰天大笑出门去，我辈岂是蓬蒿人"的时候了，李白把自己所受李隆基的宠遇圣眷喻为司马相如之受汉武帝。金銮殿内外的供奉翰林从此献赋供词，侍从皇帝取悦贵妃，赠诗酬宴王公贵族，留下了许多"摧眉折腰事权贵"的无聊之作。

不知是贵妃被高力士挑唆后在皇帝枕边劲吹对李白的怨怒，还是李隆基渐觉李白歌颂宫廷生活的《清平调》《宫中行乐》不够清新、俊逸,还是张垍这样不义之友和翰林院里那些候补闲员同事的谗言诋毁,还是李白自己常常十分清高地声称要浪迹江湖,反正没等他"大功告成",便被"赐金放还"了。

或许在李隆基心里,李白的名气和才华不过是他延揽天下英才的光耀摆设,但在李白心里,他的委屈、愤慨以及常常表现出来的浮云富贵、粪土王侯的清高气概,其实掩盖不了与李唐联宗结谱的攀龙附凤心态和对宫廷侍从生活的留恋。他把昏聩荒淫的李隆基当作明主、英君、圣皇,甚至太阳一样地讴歌,而自己只是一个被阿谀诌媚之流妒害的精卫鸟。

更为我们所费神的是,政治仕途上失败的苦涩,应该让才华超凡的李白明白些什么了吧,可他习惯性的每到一处,就与当地的太守、长史、司马等官场权贵相互赠诗,参加应酬宴请,把一些史传上毫无载录的官场人物美誉为"雄才""豪杰",还竟然执笔代替宣城太守上书当时的权倾朝野的杨国忠,言辞卑下多阿谀,实际已有损自己的人格形象。

我不是在嫉妒,也不是在中伤,我怕灵魂的不安。我是想还原一个真实的李白,一个矛盾重重的李白,一个理想与现实激烈冲突的李白。他留下的千首诗篇,我未尽读,也未尽懂,但那诗篇中的浪漫、神奇、瑰丽、狂放、鲜明等风格后面的愤世嫉俗和曲意逢迎的纠结,让我替大诗人心怀不平和酸涩。今有人说李白搞行政工作不行,他做不了政治家,写写诗,在盛唐那个社会和全国爱诗的情况下,混口饭吃还行。

我不屑这样的论调。

李白是有某些方面的治国安邦才干的,少年就已观百家、练剑术,显露卓越才华,青年就已得名士苏颋、司马承祯、许圉师、贺知章的激赏,"仗剑出国,辞亲远游"的李白可说是人见人爱人夸,没有惊人的才智,是忽悠不来的。

只可惜家国制度下的理想主义者,为"国"得先通过"家"才有可能实现目标。由此,"微贱出身"的李白结交权贵是希望家国金字塔顶尖的那个大家长能让他"天生我材必有用"啊!

更何况无论《新唐书》《旧唐书》,还是野史笔记,都没看到李白靠送金钱、美女或字画古董之类去交结权贵,更没看到他投资贿赂市场,经营圈钱交易。他只是用他的才华、他的诗篇去创造"长风破浪会有时,直挂云帆济沧海"的生命辉煌。

况且他"人生贵相知,何必金与钱",有钱就会"千金散尽",有钱也不存外国银行,无钱就会"五花马,千金裘,呼儿将出换美酒"。

我仿佛走近了李白,懂得了李白曾折腰所遭受的委屈和无奈,我要对李白表达我更深挚的崇敬。

2000-04-18

司马迁有感

　　最早知道司马迁是在课堂,稍后认识司马迁是在讲堂,渐渐熟悉司马迁是在社会大学堂。

　　神游历史灿烂纷飞的星空,向司马迁渐趋渐近而渐渐清晰。少年司马迁倒背《国风》一百四十五首的传说后面的天聪好学,青年司马迁"读万卷书,行万里路"的漫游壮举,中年司马迁承继父志、披肝沥胆创作《史记》的孜孜不倦,晚年司马迁忍辱含垢解脱悲苦完成与日月同辉之《史记》的呕心沥血,每一段,每一节,都让世人或啧啧称奇、或跃跃欲试、或扼腕叹息。因为他的《史记》,因为他的绝命辞《报任安书》,人们世世代代吟诵着"天下熙熙,皆为利来,天下攘攘,皆为利往""人固有一死,死或重于泰山,或轻于鸿毛""古者富贵而名磨灭,不可胜记,唯倜傥非常之人称焉",感受着他江海一般恢宏深湛的精神滋养,消解着人生里眼冒金星、头晕缭乱的种种困惑,让我禁不住感戴这位太史公。

　　然近来新读《史记》,不期然地发现,司马迁也同样面临着许多困惑。

　　《史记》中的重要一节《高祖本纪》,司马迁就面临着一段材料取舍的困惑。这是有关"高祖斩蛇"的传说,说是刘邦母亲曾在大泽边的山坡休息,梦见与神相遇,雷电交加。这时候,刘邦的父亲跑上山一看,惊呆在那里,一条蛟龙盘在妻子身上,过了不久,他妻子有了身孕,生了汉高祖刘邦。而后一次高祖酒醉,夜行泽中,探子回来报告:"前面有大蛇挡道,回去吧。"高祖说:"壮士行,怕什么!"于是上前拔剑将蛇斩为两段。后来有人听见一个老太婆哭诉:我孩子是白帝子,化为蛇,在道上,被赤帝子杀了。别人以为她说假话,想用鞭子抽她,她却忽然不见了。

　　这材料非常精彩,却难以置信,荒诞得近似于"神仙传"了。这个材料的用心是"司马昭之心,路人皆知","广而告之"他刘邦是奉天承运的真龙天子。我知道对这样的材料是否写进正史《高祖本纪》,对具有超凡胆识和智慧,追求"不虚美,不隐恶,秉笔直书"的司马迁来说,是一个杀伤力极大的困惑,胜过生与死的艰难抉择。

结果是遗憾的，司马迁还是让这样的东西载入《高祖本纪》的开头。真实是历史最可贵的品质。但我努力地加以理解，这不是阉割历史，也不是一种屈服，而是另一种智慧，另一种真实，表现出来就是直面困惑、坦承困惑。

司马迁同样坦承困惑的还有一事值得一说。

当司马迁开始撰写列传第一篇《伯夷列传》之时，他陷入了错杂不解的矛盾：孔子说，伯夷、叔齐"求仁得仁，其何怨乎"，但司马迁在一篇以伯夷、叔齐口吻写的诗中看到怨愤之气，于是他只能怀疑是不是自己对这首诗理解错了。接着司马迁又借他人之口进一步阐述自己的困惑：如果说"天道无亲，常与善人"，为何像伯夷、叔齐这样一生"积仁"的人却最终饿死？为何像孔子最钟爱的学生颜渊却常常食不果腹？而许多无恶不作的人却寿终正寝？

司马迁比照历史和现实而确定这是普遍的现象，终于忍不住坦承自己的困惑"倘所谓天道，是邪非邪"，这种困惑也正如关汉卿借窦娥之口说出来的"为善的受贫穷更命短，造恶的享富贵又寿延"这样的天地间的大困惑。

从司马迁到关汉卿，他们所面对的困惑循环不止，这正如生命所面对的困境与生俱来和与生俱去一样。司马迁曾追溯到他最尊崇的孔子那里寻找答案，也只勉强找到这样的三句："道不同不相为谋"，"富贵如可求，虽执鞭之士，吾亦为之，如不可求，从吾所好"，"岁寒然后知松柏之后凋"，所指的不过是"个人选择""被迫为之""难能可贵"三个理由，还是未能解决这天道究竟是否存在的千年之惑。虽然司马迁修撰这类困惑之人或事时，外表是儒家的轮廓，实际他采用了实用主义的价值观。

司马迁家乡还流播着一个传说。

司马迁在《史记》编修开始时，向妻子柳倩娘坦露困惑，寻求解惑。几千年历史究竟从哪里下手，司马迁不免踌躇不定，想从黄帝开篇，征求妻子意见，并进一步谈自己的想法，如黄帝的好传统奠定舜尧的基础，黄帝的德在于对天下所有人的爱护，治国的办法是富国先富民。妻子深表赞同。这个故事可见困惑中的司马迁可亲的私情、可敬的眼光，我为此感佩良久。

"人非生而知之者，孰能无惑。"司马迁自然不会例外，但司马迁心怀坦荡，问疑解惑，辨是非，明曲直，何等高贵之心灵。可以说，司马迁纵有再多困惑，不损其伟大,《史记》纵有许多不实,但瑕不掩瑜。作为文学家的司马迁,我不敢说,作为史学家的司马迁,说他"前不见古人,后不见来者",恐怕没人能够否认。

2000-09-16

范仲淹的忧乐观

稍有文化,不会不知北宋名臣范仲淹的《岳阳楼记》,不会陌生"先天下之忧而忧,后天下之乐而乐"这个撼人心魄的名句。我是青年时期在内心存下了这个句子,先觉得精彩,后觉得深沉;先觉得崇高,后觉得悲壮。而这个"后觉",也是在我阅历了一些人生,读了一些史和事之后油然而生的。

我以为范仲淹的人生可用"忧"和"乐"来浓缩,他的忧和乐都具有相当的典型性,典型到令人刻骨铭心。

大宋让范仲淹心忧的人和事太多太多。从他不幸的身世开始,这忧似乎是范仲淹与生俱来的。

两岁时父亲范墉不幸因病卒于任所,范仲淹也随母亲被迫改嫁而改姓易名为"朱说"。十三岁时范仲淹在朱姓兄弟冲突中方才得知家世,伤感不已,毅然辞别母亲,外出求学,寒窗苦读数载,还以"朱说"之名参加科考而皇榜高中。受职为官后的范仲淹第一件事就是接来母亲以尽孝道,同时每天忙完繁重政务后,归宗复姓这深重的苦恼折磨着他。最后压不住心头烦忧,思前想后,斗胆向宋真宗上了改名换姓的奏折。他自述身世,陈情苦衷,引经据典,真切动人,所幸获真宗同情恩准。

范仲淹调任泰州西溪盐仓监,负责监督淮盐贮运及转销。面对旧海堤年久失修、多处溃决,海潮倒灌、卤水充斥,淹没良田、毁坏盐灶,人民苦难深重,于是范仲淹上书江淮漕运张纶,痛陈海堤利害,建议沿海筑堤,重修捍海堰。

面对国政弊端,范仲淹向朝廷上疏万言的《上执政书》,奏请改革吏治,裁汰冗员,安抚将帅。仁宗十九岁,章献太后依然主持朝政,冬至,仁宗准备率领百官在会庆殿为太后祝寿。范仲淹认为这一做法混淆了家礼与国礼,上疏仁宗放弃朝拜事宜,又上书太后,请求还政仁宗,不怕举荐人责怪,不怕有杀身之祸。

范仲淹离京为官,虽"处江湖之远",但不改忧国忧民本色。他多次上疏议政。朝廷欲兴建太一宫和洪福院,范仲淹认为"大兴土木,劳民伤财",建议停工;吏治方面,范仲淹主张削减郡县,精简官吏,并多次上书陈述中央直接降敕授官的危害，认为"不是太平治世的政策"；又建议朝廷不可罢免职田，认为"官吏衣食不足，廉者复浊，何以致化"。

当天下大旱，蝗灾蔓延，江淮一带灾情尤其严重。范仲淹立即奏请朝廷派人视察灾情、安定民心。当仁宗不予理会，范仲淹便质问仁宗："如果宫中停食半日，陛下该当如何？"促使仁宗幡然醒悟，派范仲淹安抚灾民。这为民请命的勇气古今能有几人？

无论范仲淹在"庙堂"还是"江湖"，他无时无刻不在忧朝政、忧宫斗、忧边事。范仲淹因忧挺身而出，一得到重用就大力整顿官僚机构，剔除弊政。开封府"肃然称治"，时称"朝廷无忧有范君，京师无事有希文"。因忧而屡遭罢黜，梅尧臣就曾作文《灵乌赋》力劝范仲淹少说话、少管闲事，自己逍遥就行。然范仲淹回作《灵乌赋》，强调自己"宁鸣而死，不默而生"，尽显凛然大节。

范仲淹也有"乐"，他的"乐"更牵系在为国为民上。

重修捍海堰使人民的生活、耕种和产盐均有了保障，在后世"捍患御灾"中发挥了重要作用，这是范仲淹的乐。到苏州后，根据水性与地理环境，范仲淹以"修围、浚河、置闸"为主的治水经画，不但获得时舆的赞扬，还泽被后世，这是范仲淹的乐。针对内忧外患，上疏《答手诏条陈十事》，提出十项改革纲领，新政实施的短短几个月间，政治局面已焕然一新：官僚机构开始精简；科举中，突出了实用议论文的考核，有特殊才干的人员，得到破格提拔；全国也普遍办起了学校。这就是庆历新政，虽只推行一年，却开北宋改革风气之先，成为王安石"熙宁变法"的前奏。这也是范仲淹之乐。

范仲淹奉调西北前线，担任边防主帅。虽然经历过军事失利，但他针对西北地区地广人稀、地势险要的特点，实施"积极防御"的守边方略，使军队面貌一新，应变能力和作战能力大大提高。同时范仲淹精选将帅、大力提拔军队将领，使西北军中涌现出狄青、种世衡等名将；又训练出一批强悍敢战的士兵，直到北宋末年，这支军队仍是宋朝的一支劲旅，从而使西北军事防务形势发生了根本性的变化。对沿边民族，诚心团结，慷慨优惠，严立赏罚公约，使其安心归宋。庆历四年（1044）北宋与西夏最终缔署合约，西北边疆得以重现和平。范仲淹无疑为此是快乐的。至于范仲淹在文学创作、教育兴学、书法等方面的巨大成就，也呈现着他的快意人生。

忧国之忧，乐民之乐，先忧国忧民，后乐民而乐。一句话、两个字，足以浓缩范仲淹崇高的一生,也可以见证我们的厚重历史。但愿范仲淹的忧乐观,成为天下人的忧乐观,我们的世界会少一些忧,多一些乐。

2000-10-27

李商隐的悲情

在唐朝灿若群星的诗人中,我最同情李商隐。我同情他被无辜贴上了"无行"的标签。这个标签可不是时人的闲言碎语,而是历史的盖棺定论。《新唐书》《旧唐书》对他的评价都是"无行",这真让李商隐生前困厄不断、身后永世不得翻身了。

"无行"什么意思?"无行"就是人品不怎么样。中国古代评价一个人有个很重要的标准,我觉得也是个很好的标准,那就是人品,用人标准是德才兼备,德也就是人品是第一位的。要想成为一等一的诗人,人品还是很重要的一条标准,像屈原、陶渊明、李白、杜甫、苏东坡等,而李商隐这位具有一流诗才的诗人却被人认为人品而归入二流诗人群体当中,这对李商隐显然不公平。

究竟什么原因而被人指责"人品不怎么样"呢,概括说来两个字"背恩",具体说来就话长了。

李商隐自幼坎坷,十来岁时父亲就去世了,虽说只有十来岁,作为家中长子,不管情愿不情愿,能与不能,李商隐都得背起撑持门户的重担。李商隐也是苦命孩子早当家,从此他便开始了以"佣书贩舂"的方式养活全家。所谓"佣书"就是给别人抄书,所谓"贩舂"就是给别人当苦力舂米。我们已不知李商隐当苦力表现如何,给别人抄书还是够格的,一是书法叫绝,二是文采了得。这得益于他一个念过太学善写古文的族叔,更重要的还是他本身天资卓然。

金子在哪儿总会发光。李商隐后经白居易举荐拜谒当时权要令狐楚,从此深受身居要位、骈文魁首的令狐大人的恩宠。据有关史料记载,令狐楚听到有人夸奖李商隐就欣喜若狂,若是有人诋毁李商隐就会大发雷霆,其恩宠从近乎孩子般任性的行为上可见一斑。令狐楚临终有两个遗愿:一是给皇帝上谢恩表一定要让李商隐来写;二是自己的墓志铭一定要李商隐写。可见令狐楚对他的恩宠"谁堪伯仲"呢。不仅如此,才华横溢却又时运不济的李商隐,从唐文宗大和四年(830)开始一连考了四次均以失败告终,唐文宗开成二年(837),第五次还是多亏了令狐楚之子令狐绹的多方呼吁争取才金榜高中。令狐家两代人对李商隐确实可谓仁至义尽。

我查阅了点历史记载，开成三年(838)李商隐供职于泾原节度使王茂元的幕府。正是这个任职机缘，王茂元看好李商隐的才华，并将自己的漂亮女儿嫁给了李商隐，李商隐就做了王茂元的女婿。这本是一件皆大欢喜的事情，却成了李商隐万劫不复的灾难源头。在一场没有硝烟的战争中李商隐被打击得遍体鳞伤，"背恩"对李商隐的杀伤力实在太大了。好端端一个姻缘怎么让李商隐"背恩"呢，根本原因不在李商隐身上，怪不得李商隐，怪只怪李商隐不知道"朋党之争"的深浅和利害。

这里我想介绍一点"牛李党争"的小知识，以便我们认识李商隐命运悲剧的大背景和封建政治的本质。

牛李党争，通常是指唐代统治后期的以牛僧孺、李宗闵等为领袖的牛党与李德裕、郑覃等为领袖的李党之间的争斗。争斗从唐宪宗时期开始，到唐宣宗时期才结束，持续时间将近四十年，最终以牛党获胜结束。唐文宗有"去河北贼易，去朝中朋党难"之叹。牛李党争是唐朝末年宦官专权、朝廷腐败、王朝衰落的集中表现，加深了晚唐统治危机，加速了唐朝统治衰亡。

三言两语的小知识浓缩了多少无辜生命的血泪人生啊！恩主令狐楚、令狐绹隶属牛僧孺、李宗闵等为领袖的牛党，而岳父王茂元亲近于李德裕、郑覃等为领袖的李党，而牛李两党是水火不容、势不两立，因此做女婿不问党派的李商隐自然被牛党视为背信弃义、忘恩负义。在唐代你哪怕吃花酒、逛窑子也不会上升为人品问题，但假若认为你背信弃义，大家一定会评价你为人品不好，这也就是新旧唐书评价李商隐"无行"的原因了。

事实上李商隐无意于参与朋党之争，他是非鲜明，敢于直言不讳。他可能原想置身于牛李党争之外，他的交往有牛有李，诗文中对两方都有所肯定，也都有所批评。然而，在政治斗争中想要保持中立，显然只能是一厢情愿。结果是李商隐两边不讨好，仕途失意，处境尴尬，辛酸悲苦，化作了朦胧迷幻的诗篇。

当然，社会进步了，在鄙弃"朋党之争"的今天，今人没有难为他，更人性、更客观地给予了李商隐公正的评价，更多人得以喜欢李商隐的诗，喜欢李商隐。

2001-05-08

醉翁之乐

醉心于酒,寄情于酒,托身于酒,古往今来,这样的人不计其数,且传奇故事、传奇人物数不胜数。但一说到醉翁,人们立马会想到这是欧阳修名号。这自然得益于他的不朽名篇,《醉翁亭记》实在是太有名了。

但是稍微多关注一下欧阳修,他的醉翁之名号可以闻名百代,实在是实至名归。

从《宋史·欧阳修传》上可知,醉翁的人生还是非常成功、非常快乐的。作为政治家他负有盛名,官至翰林学士、枢密副使、参知政事,死后谥号文忠,累赠太师、楚国公;作为文学家,他是在宋代文学史上最早开创一代文风的文坛领袖,诗词文影响极其深远,有《欧阳文忠集》传世;作为史学家也有很高成就,他曾主修《新唐书》,并独撰《新五代史》。传统文化宝库里有他的创造和贡献,人生里能有这样的成就,岂不成功、岂不快乐?

虽然醉翁四岁丧父而童年苦难、成年三次受过贬谪备受打击,但比起许许多多名垂青史的人他要快乐多了。说这话我是有很多事实根据的。

醉翁母亲郑氏是受过教育的大家闺秀,对儿子悉心启蒙,严格要求。曾用荻秆在沙地上教醉翁运笔写字、识文断字。欧阳修的叔叔也不时关怀、教导有加,使童年的醉翁有书可读、有书可抄。可见童年的醉翁没有失去基本的教育,有良好的家教,这于人生是不失快乐的。

醉翁的科举之路虽然意外落榜有点坎坷,但在国子学的广文馆试、国学解试中均获第一名,成为监元和解元,又在第二年的礼部省试中再获第一,成为省元,也算是"连中三元"。在由宋仁宗赵祯主持的殿试中,欧阳修被仁宗皇帝唱十四名,位列二甲进士及第。虽然没中状元,欧阳修也获得了不错的名次。金榜题名的同时,他也迎来了洞房花烛。宋代有"榜下择婿"的风俗,朝中高官都喜欢在新科进士中挑选乘龙快婿。欧阳修刚一中进士,就被恩师胥偃定为自己的女婿。人生四大乐事一下就得了两桩。

进入仕途的醉翁虽然不可避免地被排挤、诬陷、攻击,但几乎每次都能够逢凶化吉、东山再起,最主要的是最高长官九五之尊的多位宋帝对醉翁还是非常知遇眷顾的。

当时,北宋王朝积贫积弱的弊病开始显现,贫富差距拉大,社会矛盾日益突出。醉翁与政治盟友同心改革,同受贬谪。范仲淹因著文指陈时弊而被贬谪,在朝官员大多上章为他解救,只有左司谏高若讷认为应当黜除。对此醉翁写信对高若讷进行谴责,说他简直不知道人间还有羞耻一事。高若讷将欧阳修的信交给皇帝,以致欧阳修被贬出为夷陵县令,但不久又重新重用。

因其时国家政事许多方面都在从事改革,一些小人遂势焰昌炽,大肆攻讦,以致杜衍等人因被诬陷私结朋党而相继罢去,欧阳修慨然上疏痛斥小人,直陈遗憾。奸邪之徒更加忌恨欧阳修,并借欧阳修外甥女张氏犯罪下狱之事罗织他的罪状,致使他降职外放。小人对欧阳修忌恨恐惧,有人竟伪造他的奏章,请求清洗宦官中作奸谋利的人。那些宦官都非常怨恨,他们联合起来陷害欧阳修,使得欧阳修出京为同州知州,可很快皇上听取忠言取消敕令,升迁翰林学士,让他修撰《唐书》。由此可见醉翁有理由笑对天下的。

嘉祐二年(1057)二月,已届知天命之年的欧阳修做了礼部贡举的主考官,以翰林学士身份主持进士考试,最反对"太学体"的文风,提倡平实文风,慧眼识人,一次就录取了苏轼、苏辙、曾巩等人,对北宋文风转变有很大影响。他还热诚无私地荐拔和指导了王安石、苏洵、苏轼、苏辙、曾巩等文学巨匠,成为他们的导师,赢得了像苏轼这样文化巨人的感激和爱戴。欧阳修对有真才实学的后生极尽赞美,竭力推荐,使一大批当时还默默无闻的青年才俊脱颖而出,名垂后世,堪称千古伯乐。不但包括苏轼、苏辙、曾巩等文坛巨匠,还包括张载、吕大钧等旷世大儒的出名与欧阳修的学识、眼光和胸怀密不可分。他一生桃李满天下,包拯、韩琦、文彦博、司马光,都得到过他的激赏与推荐。"唐宋八大家",宋代五人均出自他的门下,而且都是以布衣之身被他相中、提携而名扬天下。

这是何其之乐也。

醉翁最为快乐的应是他的与民同乐了。他无论朝中为官,还是出官地方,都是志在除弊兴国,情系百姓安宁。我深知他虽难遂己愿,但稍能自主自决,他就会安定百姓,造福黎民。百姓之乐可能就是他的至乐了。

庆历五年(1045),醉翁被贬为滁州(今安徽滁州)太守。在滁州他依旧保持轻松慵懒的态度,为政"宽简",让自己和百姓都过得轻松。但就是在这样的执政方针下,滁州反而被治理得井井有条。后来,欧阳修又做了颍州(今安徽阜阳)太守。在颍州,他照样为政"宽简",照样寄情诗酒,自认为过得比在洛阳丝毫不差。后来要告别颍州时,他怕送别的吏民伤心过度,写诗安慰他们说:"我亦只如常日醉,莫教弦管作离声。"

不滥、不繁、不苛、不贪,宽以待民,简以施政,身为官员,仍是不改诗人酒徒的乐天本性;沉浮宦乡,依旧不变赤子悍夫的大善情怀。

晚年欧阳修曾作自传性散文《六一居士传》,自此改号"六一居士",自称有藏书一万卷,金石遗文一千卷、琴一张,棋一盘,酒一壶,还有陶醉其间一老翁,这可是醉翁快乐人生的绝妙写照。想象醉翁外和内刚、怡然自乐的人生形象,真够我辈敬慕不已。

2001-08-06

"赌徒"李清照

　　易安居士李清照出生在正宗标准的书香门第。父亲李格非是苏东坡的高徒，当时著名的学者；母亲是大家闺秀，善写文章。从小就受父母的熏陶，李清照身上书香馥郁。

　　这样的"家教"，培养出一位"词坛正宗"，一位"和羞走，倚门回首，却把青梅嗅"的"词妖"，倒也顺理成章，可除了夫君赵明诚，当时很少有人知道，美丽多情的才女李清照，竟还是个兴味很浓的"赌徒"。

　　李清照打小就酷爱"赌"了。

　　只是少时那些怡情的小"赌"，在李清照的生活中就好像是清亮的溪流，唱着那快乐的山歌，和着浪花的节拍，一路欢跳地向前。

　　十八岁的李清照与金石家赵明诚喜结良缘。他们吟诗填词，把玩金石古器字画之外，就玩起了羡煞我等的一些赌来。

　　总是在悠闲的午后，阳光散淡地停留在屋子的一角，夫妻俩面对着堆积如山的图书，猜某典故出自某著作，某句诗在某书的某一页，谁猜赢了就能喝一盅新煮好的下午茶。不出意外，赢家总是李清照。

　　夫妻俩还赌谁的词填得好。元代伊世珍《琅嬛记》就记有这样的事：李清照把自己的《重阳·醉花阴》寄给赵明诚并相约挑战。赵十分叹赏，自愧不如，又不甘心，于是闭门谢客，废寝忘食三天三夜写成五十阕词，把李词杂在其中，请友人陆德夫鉴赏。陆品味再三，说只有三句绝佳。问哪三句，答"莫道不消魂，帘卷西风，人比黄花瘦"。

　　赌词李清照是赢家，不仅对赵明诚，而且对两宋之交的天下士子。

　　靖康奇耻大辱之后，整个民族的昏天劫难下，李清照不断失去人生安逸的生活、挚爱的夫君、珍爱的古玩字画，流寓江南，朝不保夕。国家不幸诗家幸。李清照用诗词抒写人生忧叹，让忧患的民族多了一分深刻厚重的共鸣，创作成就达到了高峰。

　　可就在这样的处境和情势下，李清照"赌性"不改，寓居金华时又邀邻里女伴玩一种"打马游戏"。新颖的赌法给孤独、憔悴的她增生些慰藉。

她竟然作了一篇专门研究赌技的奇文。此文仿佛是自己走上赌博道路的声明书。

"予性喜博,凡所谓博者皆耽之昼夜,每忘寝食。"这可见她对赌博的痴迷程度。她曾不无自得地声称:平生从未输过。乍看是有些夸张,但看她过目不忘的聪慧,热心钻研的劲头,还有她积极参与赌博的独特环境,还是有很高的可信度的。她不喜欢掷色子之类的简单玩意儿,而热爱那智商角力和机遇取舍的心智博弈,因为她的心大。

晚年李清照又给自己的人生下了个大赌注:她再嫁了。婚后才发现那个进士出身的张某竟是个心怀叵测的斯文败类。他娶的是李清照才女的光环和战乱中残余的字画,一不如意,竟对李清照大打出手。他思忖她寡妇再嫁,名声矮了半截,宋代一段时期法律保护男人,无论什么原因,妻子告丈夫就得坐两年牢,一介弱女子,翻不出他手掌心。

好个李清照,抓住张某得意之余说出的科场作弊的勾当,任坐牢两年,告到官府,申请离婚。结果婚离了,李清照也被抓起来了。幸亏朝中尚有人同情关照,她才得以赦免。

我认为李清照平生之赌,多出于养性怡情;只晚年婚姻之赌,多出于艰辛无奈。可她无论哪种赌,柔弱的外表下都有一颗赌徒的强悍之心;任世俗讽笑,任牢狱之灾,那独立自由之身,那率性任情之命,都把握在自己手中,与生命同在。

我倒奇怪,在女人生存空间极其窄小的社会,在很多当权的男人畏缩或猥琐的时代,李清照从少女时代就有的热爱自由,胸怀抱负的强悍天性为何没被压制住,没被扼杀掉,这应该要感谢她的家庭,更要感谢上苍了。

至此,我仿佛理解了她用生命书写的诗:"生当作人杰,死亦为鬼雄。至今思项羽,不肯过江东。"

2012-04-19

陈子昂"拍马"

陈子昂是因为他的《登幽州台歌》而名扬天下的。家喻户晓、妇孺皆知的"前不见古人，后不见来者。念天地之悠悠，独怆然而涕下"，写尽了一种人生天地之间的悲怆，写尽了一种刻骨铭心的孤独和寂寞，是那么苍劲奔放，那么感人至深，又因为表现怀才不遇、失意不平而获得天下万千士子的共鸣，从而成为中国文化中的一个经典。

只是这位初唐诗坛绝对的大哥大，很有使命感的陈子昂却是一个不太成功的"拍马"（拍马屁）者。不读书，不读史，这样的事恐难有知。

其实"拍马"之前的陈子昂还是很有东西能说的，只是不见载于正史。这里略述一二。

陈子昂生在四川射洪一个富豪之家，也算是一个"富二代"，也有某些"富二代"身上的那些玩意儿，直到十七八岁，还不知读书为何物，斗鸡遛狗，骂街打架，击剑伤人。只是资质过人的陈子昂知道后怕，知道浪子回头金不换，从此弃武从文，寒窗苦读，不几年，学涉百家，能写得一手好文章。

经过令人惊羡的华丽转身之后，为了追求远大的理想，陈子昂告别比较封闭的故乡，到京城长安做起了一个"北漂"。谁知没有豪门显贵的背景，没有互捧互携的圈子，满腹才华的陈子昂要想受人赏识谈何容易。无奈之下，逮着一个机会，陈子昂上演了一个堪称经典的自我炒作。

这天街头散步，郁闷不爽的陈子昂看到路边有人出售胡琴，要价昂贵。长安城众多豪富频频赶往察看，又无法判定胡琴价值而不愿贸然购买。

陈子昂灵机一动，立马筹钱买下胡琴，并且四处宣扬，自己精通胡琴，择吉日在家为知音现场演奏。就在吉日长安城众多知名人士纷来欣赏时，陈子昂发表了激情洋溢的演说。他说我陈子昂创作大量诗文，到京城这么长时间无人理睬，而这把胡琴，各位却青睐有加，其实它是下等乐工所制，我怎么会将它放在心上。说时迟，那时快，陈子昂愤然将胡琴摔断在地，然后将自己的诗文"遍赠会者"。人们错愕散去，一下使陈子昂和他的作品迅速走红。

这事唐朝李亢的《独异志》、宋朝计有功《唐诗纪事》上都有记载。成功炒作后的陈子昂，才华得到赏识，因此中了进士，有了"国家公务员"身份，然而非皇亲国戚，无显赫门庭，要想在大唐朝廷崭露头角、有所作为，还是"蜀道难，难于上青天"。自视甚高的陈子昂忍耐、等待，机会终于姗姗而来。可这次机会面前，陈子昂已无法炒作，他只能选择"拍马"。

武则天称帝引发朝野震荡，正统人士总是要或公开或暗地反对的。公开参与反对的"初唐四杰"之骆宾王，撰写了《为徐敬业讨武曌檄》，令女皇一时心惊胆寒。而陈子昂却挥毫撰写了《大周受命颂》《庆云章》等系列颂歌，称武则天是当世"舜禹"，是"圣母"。无与伦比的文学才华和出众露骨的"拍马"才华真是妙言和谐。

然而令人感叹的是，陈子昂的"拍马"虽得一时龙心大悦，升了个右拾遗谏官职务，但仍无法有所作为，无法做出骄人成绩。他虽曾经尝试改变生活，跟武则天侄子武攸宜征伐契丹，可结果被对领兵打仗一窍不通又骄傲自大的武攸宜视为令人心烦的"苍蝇"而降职。最为不幸的是建功立业梦想破灭后的陈子昂，在朝廷准许他以朝廷命官身份"留职不停薪"回乡供养后不久，竟被家乡的七品芝麻官敲诈勒索，冤死南狱，留下了一个使人百思不解之谜，死后还落了个"褊躁无威仪"的盖棺论定。

我无意指责陈子昂的"拍马"。古往今来，没有"拍马"的文人似乎并不很多，唐朝写过"拍马"诗的大小诗人恐怕举不胜举。有的艺术一些，有的拍得啪啪响；有的拍出点名堂；有的拍到马蹄痛醒后愤世嫉俗了。在那个世道，"拍马"关键要看看动机了。是单纯为个人的名利，还是想为国为民建功立业，终究是有区别的。我愿意陈子昂的"拍马"动机是后者。

我还想问问人们，假如有这样的体制或机制，使那些想有所作为的人，根本不需拍马，甚至不需攀附，就能实现"天高任鸟飞，海阔凭鱼跃"，任你尽展其智，尽施其才，岂不是更好？

2000-05-31

"诗圣"的辛酸

在我的心目中,古今中外的圣人都是辛酸的。"诗圣"杜甫绝不例外。

除了出身不久母亲早逝外,杜甫青少年生活并不辛酸,相反从杜甫青少年时家庭环境优越、生活安定富足来看,他与辛酸二字似乎无缘。杜甫出生于北方大士族的京兆杜氏一个世代"奉儒守官"的家庭。相传其远祖为汉武帝有名的酷吏杜周,近祖为东晋名将杜预,而确凿的是初唐诗狂杜审言是他祖父。

杜甫自幼好学,七岁能作诗,"七龄思即壮,开口咏凤凰";他少年时很顽皮,"忆年十五心尚孩,健如黄犊走复来。庭前八月梨枣熟,一日上树能千回"。杜甫十九岁时开启了他十分惬意的漫游生活。虽然两次进士落第,但并不影响他吴越、齐赵等地历时达十年的漫游。其间洛阳相遇被"赐金放还"的李白而有两度"醉眠秋共被,携手日同行"的梁宋之游,这个时期的杜甫是"放荡齐赵间,裘马颇清狂"。

然而好景不长,颇有才华的杜甫为实现"致君尧舜上,再使风俗淳"的政治理想而不懈努力着,可是现实面前却处处碰壁,满腹辛酸。天宝六年(747),玄宗诏天下"通一艺者"到长安应试,杜甫也参加了考试。由于奸相李林甫编导了一场"野无遗贤"的闹剧,参加考试的士子全部落选。科举之路既然行不通,杜甫为实现自己的政治理想,不得不转走权贵之门,"朝扣富儿门,暮随肥马尘",奔走献赋、投赠干谒等,但结果惨淡不堪。

随着唐玄宗后期统治越来越腐败,杜甫的生活也一天天地陷入贫困失望的境地。天宝十四年(755),杜甫不愿意任此"不作河西尉,凄凉为折腰"的小官职,但又迫于生计而接受了一个所学无用的兵曹参军低阶官职。十一月,杜甫往奉先省家,刚刚进到家门就听到哭泣声,原来是小儿子饿死,举家几近绝望。

此时安史之乱爆发,杜甫从此携家眷一直颠沛流离,辛酸饱尝。先是避难中投奔肃宗,途中不幸为叛军俘虏,押至长安。同是被俘的王维被严加看管,杜甫却因为官小,没有被囚禁。至德二年(757)四月,郭子仪大军来到长安北方,杜甫冒险逃到凤翔投奔肃宗,被授为左拾遗,然而杜甫很快因营救房琯而触怒肃宗被贬到华州。太多的仕途失意、世态炎凉、奸佞进谗让杜甫饱受身心折磨。

乾元元年(758)年底,杜甫暂离华州到洛阳、偃师探亲。翌年三月,唐军与安史叛军的邺城之战爆发,唐军大败。杜甫从洛阳返回华州的途中,见到战乱给百姓带来的无穷灾难和人民忍辱负重参军参战的爱国行为,感慨万千,便奋笔创作了不朽的史诗——"三吏""三别","满目悲生事,因人作远游",每一首诗的创作对杜甫来说都是"如汤煮"的煎熬。

虽然几经辗转,最后到了成都,在严武、柏茂林等人帮助下,杜甫一家在成都、奉节有过短暂的安宁。但这五六年间,杜甫寄人篱下,生活依然很苦。他说:"厚禄故人书断绝,恒饥稚子色凄凉。""痴儿不知父子礼,叫怒索饭啼门东。"他用一些生活细节来表现自己生活的困苦,孩子不顾父子之礼,饿了就吵着要饭吃,在东门外号哭。到了秋风暴雨之中,杜甫的茅屋破败,饥儿老妻,彻夜难眠,于是有了《茅屋为秋风所破歌》。

思乡心切,一心北归的杜甫至死都有家难回,只能在艰难困顿中借助木船,一路辛酸,一路吟诵着他那"沉郁"的歌哭。"万里悲秋常作客,百年多病独登台。""亲朋无一字,老病有孤舟。""卧龙跃马终黄土,人事音书漫寂寥。"满目凄凉的诗句真是字字血泪,声声辛酸。相传杜甫的病死更让人不能自己。那是杜甫受困江水暴涨,断粮五天,幸得耒阳聂县令送来酒肉,虽一时得救,然而难免暴饮暴食,不久就病死在潭州往岳阳的一条小船上。而更为辛酸的是祖父杜审言葬于偃师的首阳山前祖茔100余年后,杜甫的遗骨才几经周折葬回到祖父身边。

我很赞同鲁迅"杜甫是中华民族的脊梁"的观点,但更深以为然的是先生对杜甫这样的评价:"杜甫似乎不是古人,就好像今天还活在我们堆里似的。"我深以为然,杜甫就是灾难深重的民族中虽饱受辛酸却有"大庇天下寒士俱欢颜"悲悯情怀的一个伟大百姓,这位伟大百姓的无尽辛酸中洋溢的是心系苍生、胸怀国事的慈悲仁爱。

2013-03-09

张若虚之幸

　　享受生活时，莫要忘记我们拥有的一切几乎都是文明史上代代前人的创造，我们在历史巨人的肩膀上幸运地生活着。我们除了感激父母和同时代人之外，更要感激那无数化为记忆、化为传统、化为工具、化为月光的先辈。

　　心怀这份绵绵不绝的感激，夜晚月辉带着桂子的淡香入窗陪伴，我在一曲欲仙欲醉的《春江花月夜》中，联想起那首意象无尘又元气淋漓，激情中又多愁善感的《春江花月夜》，心中情不自禁地想起张若虚"春江潮水连海平，海上明月共潮生"后的幻境来，顿时觉得自己是幸福的人，是幸运的人。

　　我非常感激这一切给我幸福、幸运的人，也感激张若虚，更感激给张若虚带来幸运的人，因为没有他们，张若虚差一点就湮没在历史的风沙里，我们差一点也就无缘欣赏到那美绝无比的《春江花月夜》。

　　匪夷所思的是，张若虚是被大唐完全忽略掉的大诗人，开放包容的盛唐怎么会无视这位诗国的大家呢？难以想象的是这位大家的一生，究竟是跌宕起伏，还是平平淡淡，至今无人知晓。有人遍翻史籍笔记基本是"查无此人"，只知他是扬州人，曾任兖州兵曹，生卒年、字号均是不详，仅在《旧唐书·贺知章传》里顺带着有句"与贺知章、张旭、包融交，称吴中四士"。

　　整个诗歌兴盛的唐代，没能发现他的诗集传世。从唐代到元朝，他的《春江花月夜》几乎无人推重。现代著名文史学家程千帆先生曾做过考证，今存唐人选唐诗十种，唐人杂记小说、宋代《文苑英华》《唐文粹》《唐百家诗选》《唐诗记事》、元代《唐音》等唐诗选本，均未见他的诗作，不仅唐诗选本无一记载，而且由唐至明的二十多种诗话中对张若虚也没有只言片语。

　　最早收录他的《春江花月夜》的集子，是宋人郭茂倩编辑的《乐府诗集》卷四十七，共收同名《春江花月夜》的五家七首，张若虚一首也在其中。是诗人声名不显，连带他的诗歌湮没历史长河，还是他的诗歌如和氏璧一时无人识得其价值连城，张若虚和他的《春江花月夜》生前身后是那么的冷落寂寞。

　　明珠蒙尘，幸得伯乐。倾尽了诗人毕生心血的《春江花月夜》终在明朝嘉靖年间被李攀龙编辑《古今诗删》时从浩如烟海的唐人作品中惊鸿发现,如获至宝,果断收录。这个李攀龙可是明朝诗文大家,文坛"后七子"领袖,对张若虚和他的《春江花月夜》可谓独具慧眼。这是张若虚和《春江花月夜》的第一个幸运。

接着是明代学术巨匠、著名学者、诗人胡应麟在其名著《诗薮》中高度评价"张若虚《春江花月夜》流畅婉转,出刘希夷《白头翁》上"。赞誉之高、热情之盛可谓空前。这是诗人的又一次幸运。此后众多大家纷纷发自肺腑地赞叹:明代谭元春《唐诗归》"春江花月夜,字字写得有情、有想、有故"。明末清初毛先舒《诗辨坻》"不着粉泽,自有胰姿,而缠绵蕴藉,一意萦纡,调法出没,令人不测,殆化工之笔哉!"近代闻一多《宫体诗的自赎》"诗中的诗,顶峰上的顶峰"。

直到这大明之后,世人忽然明白唐诗的江湖之上,豪杰纵横、高手众多,而张若虚只凭一首《春江花月夜》,就尽扫齐梁绮丽浮靡文风,得"孤篇盖全唐"的美誉;人们终于发现此诗一出,诗歌史上又多一座高耸入云的山峰,供世人瞻仰、攀登,又似世外高人,偶露峥嵘,瞬间惊世骇俗、震动诗坛。

我仿佛忽然懂得了张若虚,他甘愿一辈子默默无闻,却将毕生心血写进一首诗里。诗人好似为时代与自然做媒,让青春正涩的初唐于夜深人静与大自然谈了一场不离不弃、刻骨铭心的恋爱,奠定了他在唐代文学史上的不朽地位,也给我们留下一个大唐盛世的不老想象。正如他在诗中有这样关于人与自然深思的诘问,"江畔何人初见月?江月何年初照人?"诗歌没有给人答案,也正因为没有答案诗歌才产生无穷的魅力,诗歌也方得永恒。

张若虚是幸运的,我们感激并享受着这份幸运。

2013-07-26

弱柳残花中的孤峰

　　年轻时朗诵辛弃疾的词，只觉非常过瘾。至今还能熟诵"想当年，金戈铁马，气吞万里""八百里分麾下炙，五十弦翻塞外声""道男儿到死心如铁，看试手，补天裂"等。他慷慨激昂的爱国感情、忧国忧民的壮志豪情和以身报国的高尚理想深深地感染了我。

　　人到中年后更喜欢读辛弃疾的词，但我更喜欢的是辛弃疾这样的句子："把吴钩看了，阑干拍遍，无人会，登临意。""将军百战身名裂。向河梁、回头万里，故人长绝。""恨之极，恨极销磨不得。苌弘事、人道后来，其血三年化为碧。"这些都是激愤到不能自已的悲怨心声，仿佛让我们看到夙愿破碎成灰的绝望之孤影，从而产生对辛弃疾绵绵不绝的悲悯。

　　我常常想象到这样的画面：寒秋夜幕下落木萧萧中一只折翼的孤雁，孤立在江南的悬崖，谛听大江滚滚东流的殷殷涛声，面对北方的天空，紧闭的双眼闪耀着点点泪光。

　　我从年轻一直读来，其实读得很不轻松。就我个人而言因为才疏学浅、见识浅陋，徒增年齿；就我身处激烈变革时代和复杂社会环境而言，都难以透彻理解辛弃疾和他所处的时代，但确凿的是我读得渐生沉重和愤懑，不只是为辛弃疾，为大宋，更是为大宋的百姓。

　　辛弃疾出生时，北宋就已沦陷于金人之手，在金国忍辱任职的祖父辛赞，在拿起武器为先辈复仇，誓与金人决一死战的希望破灭之后，悉心培养天赋极高的孙子辛弃疾，常常带着他"登高望远，指画山河"，一面让辛弃疾拜名师苦学文章学问和征战本领，同时让辛弃疾不断亲眼看见汉人在金人统治下所受的屈辱与痛苦。这一切使辛弃疾在青少年时代就立下了恢复中原、报国雪耻的志向，又养成一种燕赵奇士的侠义之气。

　　绍兴三十一年(1161)，金主完颜亮大举南侵，在其后方的汉族人民由于不堪金人严苛的压榨，奋起反抗。二十一岁的辛弃疾也聚集了两千人队伍，参加了由耿京领导的一支声势浩大的起义军，并担任掌书记。当花和尚出身的义军一头领义端盗取辛弃疾保管的义军帅印,准备去金营邀功时,辛弃疾料事如神地截住变节分子,面对求饶,疾恶如仇的辛弃疾是不由分说,手起刀落,义端身首异处。

当金人内部矛盾爆发,完颜亮在前线为部下所杀,金军向北撤退时,辛弃疾于绍兴三十二年(1162)奉命南下与南宋朝廷联络。在他完成使命归来的途中,听到耿京为叛徒张安国所杀、义军溃散的消息,便率领五十多人袭击几万人的敌营,把叛徒擒拿带回建康,交给南宋朝廷处决。

辛弃疾在起义军中表现的惊人勇敢和果断,使他名重一时。当宋高宗高度赞许并任命他,当不久即位的宋孝宗一度表现出恢复失地、报仇雪耻的锐气时,辛弃疾是多么慷慨任意、踌躇满志。著名的《美芹十论》《九议》就是这个时期创作,深受人们称赞,广为传诵。辛弃疾作为文武双全、卓越不凡的青年才俊和政坛新星备受瞩目。

然而现实对辛弃疾是残酷的。初来南方对南宋朝廷的怯懦和畏缩并不了解,他虽有出色的才干,但他豪迈倔强的性格和执着北伐的热情,却使他难以在官场立足。另外"归正人"的尴尬身份也阻拦了他仕途的发展,从而使他难有北伐的作为,无法施展自己政治、军事上卓越才干,只能做一些地方上治理荒政、整顿治安的"杀鸡"之事务,在"归隐"和"学渊明"中白等岁月蹉跎,空耗满腔热血。

实际上辛弃疾在人生的最后竟红了几年。重新被掌权派韩侂胄起用,又晋见宋宁宗,被加为宝谟阁待制、提举佑神观,并奉朝请。但此时的辛弃疾已经无法燃起一点火焰,他的内心已"轻风吹不起半点涟漪"。当朝廷再次任命他知镇江府、知绍兴府、两浙东路安抚使、宝文阁待制,甚至进为龙图阁待制、知江陵府、枢密都承旨等时,所有这些辛弃疾一概推辞不就,他的心"旧恨春江流不断,新恨云山千叠",绝望成了生气耗尽、血液流尽的空壳。

这个空壳是年轻气盛时的辛弃疾所预想不到的,但注定是无法逃避的宿命。这不仅是辛弃疾的宿命,是百姓的宿命,也是大宋的宿命。大宋从"陈桥兵变,黄袍加身"那天起,为保有至高无上的皇权,杜绝他人垂涎皇位的欲念,也是机关算尽了。大宋王朝的政治核心就是保有皇权,一系列制度和政策在制约着国家全面健康发展的生机,损耗着丛林生存法则的强悍之气。如"杯酒释兵权"是以腐败换兵权,是自毁长城,皇权是保住一时,但国家与民族却后患无穷。如裁削相权,是膨胀畸重了皇权,可增强了文臣为争夺皇权的挤压内耗,严重降低了行政管理的效率。日复一日,年复一年,恶性循环,积重难返,离万劫不复时日不远。市场和文艺异常繁华,绮艳奢靡之风酥软了人们的脊骨,酒色生香中阳刚、自信、豪气和开放渐被阉割,雄鹰变成了画眉家雀,龙虎变成了怀抱中的宠物,男人多成了弱柳残花。

不幸的是辛弃疾成了弱柳残花中的孤峰。

2014-03-06

鲍照之真

跟我的学生讲鲍照，学生对鲍照是有些隔膜的。为激发学生学习鲍照的兴趣，我给学生说了这番话：古往今来，许多人是假隐世、假孤傲、假淡泊、假清高，而鲍照却是难得的真人。我接着给学生布置了一个问题：你们能从《拟行路难》（其四）中读出鲍照的真吗？

学生已学会照着"以意逆志，知人论世"的方法来搜集、阅读、分析鲍照的《拟行路难》（其四）来。课堂交流的环节中，学生代表做了相当精彩的介绍，称整首诗里至少有三真：一真在不认命，"人生亦有命，安能行坐复长叹"，反其意而用，恰恰说明诗人绝不认命；二真在不逆来顺受，"心非木石岂无感"，反诘显示出诗人强烈的呐喊和动员，呼出奋激昂然的挺拔雄姿，是诗人的真形象；三真在直言自我的软弱无奈，"吞声踯躅不敢言"一句，毫不掩饰自己难以绝尘而去，还得屈伸求全。

学生读得很准，概括得也很到位，我很赞赏学生的自修自练。而为他们做好正确的引导是我的责任，深入学习、思考、认识鲍照自然是我必做的功课，我就是因此对鲍照产生一种清晰的认识：鲍照做人很真，我敬佩鲍照的真。

鲍照的人生道路，充满了悲剧色彩。这个悲剧色彩来源于他生存的时代、出身和他的不屈服命运的性格与志向之间的强烈冲突。鲍照是一个性格和人生欲望都非常强烈的人，他在很多诗歌中毫不掩饰自己对建功立业、富贵荣华、及时行乐等种种目标的追求，并且认为自己的才华理应得到这一切，他也为此在现实世界从不懈怠地闯荡着。

曾多次谒见临川王刘义庆，毛遂自荐。先没有得到重视，他不死心，准备献诗言志。有人劝阻他说："郎位尚卑，不可轻忤大王。"鲍照大怒："千载上有英才异士沉没而不可闻者，岂可数哉！大丈夫岂可遂蕴智能，使兰艾不辨，终日碌碌与燕雀相随乎？"鲍照自认为"英才异士"、"智能"之"兰"，不甘被埋没，可见他对自己的才华颇为自负，对自己卑微处境的改变是汲汲戚戚的。

鲍照与颜延之、谢灵运同为宋元嘉时代的著名诗人,合称"元嘉三大家",但鲍照"上挽曹、刘之逸步,下开李、杜之先鞭",实际成就远远高于出身贵族豪门的颜谢二人。他的才华在当世确实负有盛名,可惜命运却偏偏喜欢和他开玩笑。后来终于凭才华获临川王刘义庆赏识而获封临川国侍郎。可只做了侍郎这样下级官僚三四年,刘义庆就病逝了,他随之失职。

在家闲居了一段时间,后来又谋求到始兴王刘浚侍郎职位,任过太学博士兼中书舍人,出为秣陵令,转任永嘉令,又转任临海王刘子顼幕僚。随同刘子顼前往江陵,任前军参军、刑狱参军等职,可随着刘子顼被赐死,鲍照也为乱兵杀害。

鲍照之命不可谓不悲,天妒英才啊,如果死而有灵魂,鲍照是死不瞑目的。无疑鲍照的人生可谓是失败的,还没来得及功成名就即丧生于乱军,但他一直活得真、活得顺心由性。他并不自卑自己的贫贱,"自古圣贤尽贫贱,何况我辈孤且直"。他随时随处抒写自己感时伤世的深切情怀,他的代表作品《代蒿里行》全诗写得情真意切而传说感动得鬼亦能唱,后因此被称为"鲍家诗",李贺便有诗《秋来》提及"秋坟鬼唱鲍家诗,恨血千年土中碧"。

对后世大诗人李白、岑参等颇有影响的"鲍参军",自信才华就是自己博取人生功名的通行证,始终不甘命运的多舛,更不会向命运低头,老庄哲学中的一切消极遁世、委曲求全的东西与他的思想是格格不入的。他不顾一切地以自己的才华来实现自己个人价值,而当他的努力受到社会现实的压制、世俗偏见的阻碍时,心灵中就激起冲腾不息的波澜,表现其愤世嫉俗的深沉忧愤。

积极以才华用世,渴盼大有作为,改变不公之命运,若能使鲍照终得实至名归,也不负鲍照的真心愿,只是造化弄人,真人不幸,很让人感慨不已。

然而鲍照之真,在心在行,愿得发扬光大。

2014-09-21

杜牧的杏花村

　　叫杏花村的地方实在很多,不完全统计全国比较知名的约有二十处,但我特别向往的是杜牧的杏花村。我在梦幻中一直有两个名字顽固地连在一起,它们总是翩翩而来,形影不离,这就是杜牧和杏花村。一想到杜牧,就油然而生出俊赏、才华、多情、风流、冤屈等词儿,而杏花村一说出来就觉得它散着芬芳和醉意,滴着酒香和离愁。

　　从杜牧和杏花村尘世结缘关系来说,应该先有杏花村,然后才有杜牧;然而有了杜牧,才让世人真正发现了杏花村。是杜牧把杏花村变成了一个更美好、更隽永的所在,当然这是在杜牧离开了杏花村、离开了这个世界以后,他把传奇、浪漫和无尽的想象永恒地留给了池州,留给了后人,留给了世界。

　　这次和多位同仁游览池州杏花村,说实话我是冲着杜牧去的。如果杜牧游山玩水的足迹还能在秀山和秋浦河上找到,喝过的酒香化作杏花村的芬芳百花,曾经的悠长叹息生发了杏花村的阵阵春风,流过的热泪变成了杏花村上空流连的白云,我就可以与杜牧邂逅了。

　　如今的杏花村已是美妙怡人的市郊公园,早已不是几间"沦为荒烟野草之中"的茅舍酒肆,村内树木葱郁,杏花林丛,小桥流水,酒旗若现,怀杜轩、青莲馆、昭明堂、吟诗台、半亩园、杏花岛、六朝长廊处处流露出古拙的意境、诗韵的芬芳。对照着往昔,简直换了人间。

　　更为可赞的是村里游人如织、车水马龙,远远近近的老百姓慕名而来、结伴而至,争相与"杜郎"合影,问牧童指路,租上四轮脚踏车,在起伏蜿蜒的村道上合力前行,时而停车,驻廊桥、登戏楼、嗅花蕊、映清泉、揽清光入怀,得佳处留影,个个是微醺似醉,心花怒放,其乐融融。

　　现在的杏花村名播青史,饮誉天下,已成百姓的休闲娱乐之地,八方宾朋游历览胜之境,不仅有丰富的文化价值,还产生巨大的经济价值,这一切正因杜牧的人神共知的诗名和他那首叫《清明》的千古绝唱,才成就了杏花村,造福了今人。

我们今人是要感谢杜牧的。多少创造辉煌文化的人，他们中很多人在世时的人生其实是苦难的。他们生前身后备受冷落、煎熬、偏见、误解，并不像我们今人所能看到的某些成功人士在耀眼的光环中名利双收，有良心的人必须给予杜牧和像杜牧一样有过辉煌创造的人以真诚的尊重和爱戴。

曾看到某些人戏说杜牧的文字，他们专以杜牧私生活说事，或调侃、或轻薄、或艳美，语带荒唐。虽然我尊崇言论自由，可他们活像寄生的虫子和荒野的杂草，我实在是无法喜欢和接受他们，这里也就不说出他们了。毕竟人无完人，杜牧一段时间里的确有过不检点，但从人的一生整体来看，杜牧是被冤枉了的遗世奇才。

出身名门望族的杜牧聪颖好学，学养深厚，发展全面。十几岁之时，杜牧政治才华就已出众不凡。时值唐宪宗讨伐藩镇、振作国事，杜牧在读书之余，关心军事，专门研究过孙子，写过十三篇《孙子》注解，也写过许多策论咨文。特别是有一次献计平虏，被宰相李德裕采用，大获成功。杜牧二十岁时，博通经史，尤其专注于治乱与军事。杜牧23岁作《阿房宫赋》。二十五岁时，杜牧又写下了长篇五言古诗《感怀诗》，表达他对藩镇问题的见解。家世与才华当世能有多少人可以比肩？

要说生不逢时，报国无门，岂独杜牧一人之憾，然而生在病入膏肓的晚唐末世，杜牧的命途被长达四十年的党争践踏得体无完肤、尊严尽失。本来李党代表人物的李德裕与杜家为世交，而杜牧又是牛党领袖牛僧孺特别器重护佑之人，可在激烈残酷的牛李党争中，杜牧不幸成了双方的出气筒。茫茫宦海难作为，报国建功无门路，在忧国忧民壮怀伟抱与伤春伤别绮思柔情的内心矛盾煎熬中，度过了多么无奈、多么尴尬的一生。

纵使政治才干无法施展，但单就杜牧的文学艺术创作来说，也有多方面的成就，诗、赋、古文、书法诸方面都是高手，对作品内容与形式的关系有比较正确的理解，并能吸收、融化前人的长处，形成了自己独特的风格。可在某些人的嘴上却吝啬自己的赞美，仅仅给了个风流诗人的头衔，这显然极不公道。

故此今游杏花村，举杯敬杜郎。

2017-11-28

走近龚自珍

　　富有哲思和耐人寻味的名句是我认识名人的最好窗口。

　　龚自珍因"我劝天公重抖擞，不拘一格降人才""落红不是无情物，化作春泥更护花"这些名句让我认识他的卓越和睿智。

　　当然对龚自珍教科书式的认知也非常必要。教科书上这样介绍："龚自珍，字璱人，号定庵。汉族，仁和(今浙江杭州)人。晚年居住昆山羽琌山馆，又号羽琌山民。清代思想家、诗人、文学家和改良主义的先驱者。"余且略去。

　　但无论以我的"名句式"还是"教科书式"来认识龚自珍都可能是盲人摸象，不可能真正、完整地认识龚自珍。如何避免盲人摸象，我一直努力摸索着。

　　我在带有功利的喜欢造神的环境中生存着，自然而然染上"神化"某某的毛病。首先得努力克服这个毛病，我不再把龚自珍当神来看。我把龚自珍当作有血有肉、有情有欲的活"古人"来看，他仿佛就是我的邻居、同事，甚至在一起吃过饭、喝过酒、打过牌、上过洗手间，他的老婆孩子我们也认识，都比较知根知底。如此我对他有的敬佩，有的赞赏，有的不解，有的叹惜，但他给我的是最真切和亲近的感受。

　　客观上认识龚自珍还要全面了解他的生平，尽可能多地阅读他自己各个时期的各类著作，这也是最主要的。

　　龚自珍出生于浙江杭州一个世代官宦的书香门第。祖父辈非但为官显赫，且都极有文学修养，包括他的母亲段驯在内，都有诗集、文集流传于世。龚自珍本就天赋异禀，又在这样家庭环境中成长起来，所受到的熏陶特别深厚，真非常人所及。

　　龚自珍自幼受母亲教育，好读诗文。从八岁起学习研究经史、《大学》。十二岁从其姥爷段玉裁学《说文》，姥爷段玉裁可是清代屈指可数的大学问家。在这位特殊"名师"悉心指导下，他搜辑科名掌故，以经说字，以字说经；考古今官制，研目录学、金石学等。同时拜严师宋璠学习，在文学上也显示了创作的才华。成年后的龚自珍科考失意、仕途不顺,却创作了主张"更法""改图",揭露清代统治者腐朽,洋溢着爱国热情的大量诗文,撰写了极富有参考价值的《西域置行省议》,极为崇拜王安石的龚自珍没有走上外公指点的"考据学"之路,也没有实现帝王之托的励精图治之路,但《定庵文集》《己亥杂诗》却奠定了龚自珍特立独行的文化之路,无愧柳亚子誉之为"三百年来第一流"。

对这位"第一流"我还通过时人大量的野史笔记来"刮目相看"他。清代魏季子《羽琌山民轶事》、近人况周颐《眉庐丛话》、徐珂《清稗类钞》、裘毓麐《清代逸闻》都有龚自珍的记载,曾朴《孽海花》还"演义"了龚自珍的逸事。

任何一个人都是多面的,而且这个多面是立体多维的,是不可替代、重复叠加和割裂取舍的。无论如何,能够多面认识人物总比片面好得多。多面认识龚自珍这位一百七十年前的"前辈"让我赞佩之下更多了些同情和叹息。

是真名士自风流,是真英雄自多情。龚自珍的"真名士""真英雄"在这段文字中可见一斑:"阮公耳聋,见龚则聪;阮公俭啬,交龚则阔。"阮公就是"三朝阁老、九省疆臣、一代文宗"的阮元,如此青睐晚辈后生的龚自珍,其可见卓越不凡。

龚自珍的"风流""多情"则多体现在他的怜香惜玉上。作为改良主义先驱,他自然不愿被陈腐封建教条禁锢,自然有过不失真纯的风流韵事。龚自珍最大的怜香惜玉之事莫过于浪漫而悲情却又子虚乌有的"丁香花公案"故事。龚自珍与才女官夫人顾太清相识相知、惺惺相惜大体不错,但说他二人"陈仓暗度",致一流落凡尘、一惹祸殒命则是我无法相信的。虽然龚自珍知天命之年暴病而死确让世人疑义丛生,但没有根据的传闻还是少信为妙。

怜香惜玉既不是道貌岸然之流所敢为,又不能为道貌岸然之流所能容,但对于龚自珍我倒认为是恰如其分的。在那个视女性为工具、玩物、祸水的没落时代,诚实善良地给予女性以尊重、爱护和关怀,甚至平等地学习交流,恐怕只有龚自珍这样的真名士、真英雄能够敢作敢为,无怨无悔。

我们敬贤不讳贤,方为求真。确定无疑的是龚自珍不是完人,越是有为越可能有错。我龚学不深,无能深究,但他这样个性突出、恃才傲物、揭露时弊之下,也许行事牵连无辜,可能待人失之过当,或有言语不谨伤人,这错误、缺憾总是有的。就如长子龚橙不肖,数典忘祖,自当洋奴,涉嫌卖国,恐与他做父亲荒于"齐家"、疏于教子有关。这不能不让我们为他遗憾和悲叹了。

套用值得玩味的"整体包含于部分之中"观点，认识龚自珍必须认识他的各个组成部分，如此才能走近龚自珍。

2017-12-20

致敬张养浩

很多人和事都成了过眼烟云,消失得无影无踪,但总有一些记忆,也许是一段青涩的交往,一处美好的邂逅,一阵多彩的时光,甚或是一眸眼神、一种气息、一句话语,因触及灵魂而终生难忘。我这里想说的是,因为"兴,百姓苦;亡,百姓苦"这句话,我永远记住了张养浩,我要向他致敬。

张养浩,字希孟,号云庄,又称齐东野人,济南人,元代著名政治家、文学家。他的名和字,有人考证出自《孟子·公孙丑》"我知言,我善养吾浩然之气",意为希望像孟子一样善养浩然之气。我深以为然,并且确信这种"浩然之气"让张养浩气贯终生。

先看看《元史·张养浩传》中几件事情,你是否在历史的记载中感触到他那千年不灭的浩然之气?

至元三十年(1293),张养浩经不忽木推荐为御史台掾吏。有一次,张养浩生病了,不忽木听说后前去探望他。当他看到这位堂堂的御史台家中竟朴实无华,别无长物,禁不住脱口赞叹道:"此真台掾也!"

大德九年(1305),张养浩由中书省掾,选授堂邑县尹,作《初拜堂邑县尹》。在堂邑县任上,张养浩带头捣毁各种滥设祠堂三十余所,并惩处强盗,保境安民,受到人民的称颂。

至大三年(1310),张养浩在监察御史任上。上一封万言书,进献给皇帝,直陈时政"十害",包括赏赐太多、刑禁太疏、名爵太轻、台纲太弱、土木太盛等,因为"言皆切直",结果为"当国者不能容",先是免除了翰林待制,后又编织罪名,将他贬为平民。

延祐二年(1315),元朝举办了第一次科举考试,张养浩以礼部侍郎的身份,与元明善、程钜夫等一起主持。为广纳人才,激励后学,张养浩建议这次考试不宜过严,即使对落榜考生也应给予一定照顾。他的主张得到了朝廷认可,由此网罗了诸如张起岩、许有壬、欧阳玄、黄溍等许多元代名士。恢复科举开启了读书人入仕的大门,登科的士子非常感激,纷纷要登门拜谢,却被张养浩婉拒,只是告诫他们说:"只要想着怎么用才学报效国家就好了,不必谢我,我也不敢受诸公之谢。"

元英宗至治元年(1321)正月,适逢元宵节,皇帝打算在宫禁之内张挂花灯做成鳌山,张养浩就上奏给左丞相拜住。拜住将奏疏藏在袖子里入宫谏阻,奏疏说:"世祖执政三十多年,每当元宵佳节,民间尚且禁灯;威严的宫廷中更应当谨慎。皇帝打算在宫禁之内张挂花灯,我认为玩乐事小,影响很大;快乐得少,忧患很多。我希望(皇上)把崇尚节俭、思虑深远作为准则,把喜好奢侈及时行乐作为警戒。"英宗大怒,看过奏疏之后又高兴地说:"不是张希孟不敢这样说。"于是取消了张挂花灯的计划。

只要悉心阅读上面的文字,我们应该读懂张养浩了。

我们再来看看"兴,百姓苦;亡,百姓苦"这句话诞生的背景。

天历二年(1329)正月,陕西大旱,朝廷特拜张养浩为陕西行台中丞。二月,张养浩接到任命后,立即把自己家里的财产都分给村里的穷人,便登上车子向陕西进发,碰到饥饿的灾民就赈济,看到饿死的灾民就埋葬。到陕西做官四个月,从没有回到家里住过,一直住在官府,晚上便向上天祈祷,白天就出外救济灾民,没有丝毫懈怠。为解决老百姓买粮困难,张养浩打击奸商污吏,杜绝营私舞弊,采取一切利于百姓的坚决果断措施。七月二十七日,张养浩"得疾不起",竟病逝于任上。看淡了历史兴亡,却看重百姓疾苦的张养浩,以此给自己的一生画上一个沉重的句号。

正是这次赴任陕西途中,经过山河险峻且为历代兵家必争的潼关,看到"峰峦如聚,波涛如怒"的景象,触发了追念历代兴亡、洞察百姓疾苦的情思,张养浩写下了浓缩历史、直击现实的小令《山坡羊·潼关怀古》,用千古奇叹揭示一条颠扑不破的真理:"兴,百姓苦;亡,百姓苦!"

我并不想做文抄公,也不做什么艺术赏析,我只是想用事实说话,使人们能够认识张养浩的可敬,不要忘了这个值得历史铭记和世代尊敬的人。他也是我们今人的一面镜子。

古今中外诗歌文章做得好,有佳句名篇传世,但人品不咋样的多如牛毛。这些人多为名利的奴隶,才情心智变成争名夺利的投名状,名句佳构沦落邀名曲从的敲门砖,斯文自甘扫地。如今从张养浩生平史实来读"兴,百姓苦;亡,百姓苦!",我辈岂能不敬他:才情心智献百姓,名句佳构出良知。

2018-03-21

多情的白居易

　　唐朝大诗人白居易的一生,自认为可用"多情"二字以蔽之。粗略说来可以有这么几个方面,且这几个方面因果相陈,互为表里。

　　首先说白居易对老百姓的深刻同情。不妨用《卖炭翁》做个典型例子吧。一个"满面尘灰烟火色,两鬓苍苍十指黑"以卖炭维生的老翁,在豺狼出没、荒无人烟的终南山中,披星戴月,凌霜冒雪,一斧一斧地"伐薪",一窑一窑地"烧炭",好不容易烧出"千余斤"木炭,每一斤都渗透着心血,也凝聚着希望。"卖炭得钱何所营? 身上衣裳口中食。"这位老翁已被剥削得贫无立锥,别无衣食来源,全指望他千辛万苦烧成的千余斤木炭能卖个好价钱。为此老翁在冰冻三尺、衣衫单薄之时,还"心忧炭贱愿天寒"。他把解决衣食问题的全部希望寄托在"卖炭得钱"了。"夜来城外一尺雪",这场大雪总算盼到了! 也就不再"心忧炭贱"了! "天子脚下"的达官贵人、富商巨贾们为了取暖,不会在微不足道的炭价上斤斤计较。当老翁"晓驾炭车辗冰辙"的时候,占据他全部心灵的,不是埋怨冰雪的道路多么难走,而是盘算着那"一车炭"能卖多少钱,换来多少衣和食。老翁好不容易烧出一车炭、盼到一场雪,一路上满怀希望地盘算着卖炭得钱换衣食,结果却遇上了"手把文书口称敕"的"宫使"。在皇宫的使者面前,在皇帝的文书和敕令面前,跟着那"叱牛"声,老翁在从"伐薪""烧炭""愿天寒""驾炭车""辗冰辙"直到"泥中歇"的漫长过程中所盘算的一切、所希望的一切,全都化为泡影。

　　当诗人生动细致地呈现出这一个事实时,我们已经忽略了诗歌章法的妙笔生花,狠狠冲击读者的是诗人对罪恶统治者的强烈憎恨,对百姓的深切同情。

　　其次说白居易的超凡才情。我想用唐宣宗李忱写的《吊白居易》来窥斑见豹了。

　　这是一首七律:"缀玉联珠六十年,谁教冥路作诗仙? 浮云不系名居易,造化无为字乐天。童子解吟长恨曲,胡儿能唱琵琶篇。文章已满行人耳,一度思卿一怆然。"

　　李忱刚刚即皇位,欲拟诏任用白居易为宰相,方得知大诗人不久已经去世,诗歌正于此时而写。

诗意大体是,你的诗优美的文字就像玉片宝珠一样被连缀起来,这样写诗已有六十年了,可是谁让你到黄泉路上成了写诗的神仙呢?唉!造化也没有办法挽留住你白乐天了,你永远地去了,我又有什么回天之力呢?童子都能欣赏吟唱你的《长恨歌》,胡地老少都能诵读畅咏你的《琵琶行》;你的诗征服了天下,如风一般流行,与行人形影不离;人们只要出行在外,就能听到吟诵你诗的声音。而我听到吟诵之声,就会牵动起思念你的感情,内心充满无比悲伤与哀痛。

由一个封建帝王给一个诗人写下如此情深意切的悼亡诗,数千年历史,这恐怕是绝无仅有。白居易让这位晚唐颇有作为的皇帝对他如此哀痛、惋惜且深深折服的,除了他诗歌创作的超凡才情,还能是什么。

最后说白居易的哀婉爱情。这里不说大诗人私生活中的红粉情缘了,单说说他的爱情磨难终为长恨的半生情缘。

白居易全家迁居宿州符离时,十一岁的白居易与七岁的邻家女湘灵成了两小无猜、青梅竹马的一对。当湘灵十四五岁时,他们萌生了隐隐纯纯的恋情。洛桥之畔的夜色里因为他们的欢爱缱绻而生出许多的浪漫。可为家庭生活,为个人前程,白居易只好带着湘灵的爱情信物,一双"锦表绣为里"的鞋儿,出游江南投靠叔父,从此宦海沉浮。这期间他为湘灵写下了情诗《邻女》《寄湘灵》《寒闺夜》《长相思》。二十七岁白居易中进士,回乡本想与湘灵完婚,白母以门不当、户不对加以拒绝。二十九岁白居易成为朝廷校书郎,再次要求接娶湘灵,母亲严词拒绝,为不让他们再见面,举家迁往长安下邽村居住。这期间白居易为思念湘灵作《冬至夜怀湘灵》《感秋寄远》《寄远》。白居易三十七岁已是大龄青年时,才在母亲逼迫下与同僚杨汝士的妹妹结婚,但还是思念湘灵,例如《夜雨》《感镜》。在被贬江州途中,和杨夫人一起遇见了正在漂泊的湘灵父女,两人曾抱头痛哭,写了《逢旧》诗(此时白居易已四十四岁,湘灵四十岁仍未结婚)。这首诗里,白居易再次用了恨字,为长恨歌打下了基础。到五十三岁时,湘灵从此不知去向,白居易也只能抱憾终身了。

可以这么说:白居易对老百姓的深切同情注定了他的宦海沉浮,这又注定他的深刻感悟和深沉感伤,兼着爱情的挫折与磨难而来的是情感源泉和动力,从而注定了白居易千古传诵的超凡才情,因而白居易的多情成就了他的人生。

2018-05-08

谜一样的庄子

很多年前，一位同乡校友因我与逍遥主庄子同姓，给我留了毕业赠言"逍遥复逍遥"。一想到这个赠言就莫名感到惭愧，我至今仍在"必然王国"的逼仄空间里挤压跌撞着。然而"逍遥"一直是我的梦想，我无数次拼命地欲从逍遥主庄子那里找寻享有逍遥的办法，结果总是不得其门而入。对我而言，庄子永远"在水一方"，我越想认识庄子，越想走近庄子，庄子反而离我越远，庄子之谜就越多。

对于庄子和《庄子》，古今学者们研究不断，高议众多，但也争论无休。纷争之由不一而足，缺乏原真的第一手史料应该是最主要原因。保存下来和新近出土的原始竹简大规模朽裂斑驳，致使很多典籍文字讹误错乱，文章被肢解割裂，文字形意演变加上注家的臆想当然更造成了严重的理解障碍。世上很多事本就语焉不详，日久成谜，此后往往又是谜上加谜，谜谜纠缠，遂成千古之谜。庄子成谜差不离也属于这个情况。

发掘最原始史料，寻觅庄子建树天道人生足迹，探索庄子哲学文化之源，破解一个个有价值的庄子谜团，我相信庄学中定有人堪当大任，识得逍遥主庐山真容。而我在团团迷雾中突然冒出一个清晰的问号，那就是庄子的想象力之问。

所谓的90后、00后，在西方动漫和科幻电影中长大的年轻人恐怕忽略了我们老祖宗的想象力了。稍微用心思考一个问题：在两千多年前，在没有突飞猛进的现代自然科学，没有航天飞机、宇宙飞船的古代，庄子是怎样创造这些骇人的宇宙景象的：鲲鹏的形体庞大到"不知其几千里"，在等到六月的大风天水激荡、浩瀚腾飞之际，鲲在宇宙为之战栗中不可思议地变化为鹏，激起的浪花高达三千里，盘旋而上太空九万里，天地万物会为此震撼到没有个体面的样子吧。

作为一个管理漆园的小吏，树木成荫、飞鸟成群的环境，在庄子的心灵世界中更加哲学化甚至神话化、魔幻化了。麻雀乌鸦的无知，井底之蛙的自大，螳螂捕蝉、黄雀在后的失察，鸥鹓学鸠的浅薄，朝菌蟪蛄等的小年小智和大椿彭祖的大年大智,还有拖着尾巴在淤泥里爬行的乌龟,还有梦醒之间人与蝴蝶的物我难分,都给庄子无拘无束、神奇莫测的想象力淋漓尽致地发挥得匪夷所思。

有人说,没有想象力,不能读庄子,而读庄子,不能不惊叹庄子的想象力。我以为所言极是。论儒论道、论真论玄,庄子难称魁尊;论想象力,中国有史以来想象力最宏伟、最奇崛、最天马行空的就是庄子了。庄子的想象力及其影响力,从太史公、李太白、白乐天、王荆公、徐文长到金圣叹、鲁迅、郭沫若是古今公认的,谁堪伯仲呢。

若问庄子何以有如此惊世骇俗的想象力呢?我想一定会见解纷纭,恐怕很难众口一词。然而别人于此,或许未必经心入脑,但于我而言,却成了我万丛谜林中的一个闹心的谜。

闹心非"想象力之问"本身,真正让我闹心的是在学历越来越高,高到硕士博士都已"寻常见"的今天,个体与组织的想象力却越来越缺乏了,莘莘学子的想象力甚至枯竭到不知想象为何方神圣的地步。如让他们对未来十年或二十年发挥想象,结果仅是年龄、身份和社会关系的小我增变,几乎不是超然物界的至大至微的新奇创造的陌生世界。业界为盈利追求需要的想象也基本属于模仿和拼接的似曾相识。真想不通教育经历丰富的世人为何偏偏枯干了想象的心灵呢?

一生潦倒,贫困到常常借米下锅的庄子恐怕无法游历很多国家,他渊博的学识自然来自其一生勤奋好学,但他汪洋恣肆、仪态万方的惊人想象力,恐怕来源于庄子的自由的灵魂和沉静的心。没有天文学知识的庄子却有"无所至极"无限风光的宇宙,因为我相信庄子是脱离名缰利锁的苦海任性逍遥的,太多权势纷争、太多条条框框、太多喧嚣咻扰的世道使庄子寒心化碧、热肠冷面,从而奔走在自由而沉静的心灵世界。这心灵世界融化了自然,融入了绝对的宇宙,从而庄子就成了宇宙的精灵。

我做不到宇宙的精灵,更远远做不到庄子的逍遥,但我提出庄子的想象力之问,说到底还是希望我们能培养一点庄子那样自由和创造的想象力,至少像《史记》说的"虽不能至,心向往之"。

2018-06-22

欧阳修的平易

　　欧阳修在北宋不论政治、文学还是史学,地位和影响都是极高的,但他做人做事却都是非常平易的。

　　他为人生性率直,朋友多、知交广,痛恨矫揉造作、故作高冷;他的文章更是通俗生动、平易自然。

　　且看一个真实的故事:至和元年(1054)八月,已经在京城做到高官的欧阳修,又遭受诬陷被贬。朝令刚刚下达,仁宗皇帝就后悔了,等到欧阳修上朝辞行之际,仁宗亲口挽留说:"别去同州了,留下来修《唐书》吧。"就这样,欧阳修做了翰林学士,开始修撰史书。与宋祁同修《新唐书》(同时自修《五代史记》即《新五代史》)。

　　作为一位史官,欧阳修把通达平易的文风运用于修史,而且做得格外得心应手。他主持了《新唐书》的修撰,而实际参与写作的还有很多人。为了防止体例不一,欧阳修负责统筹全稿。当时北宋文坛古文发展得有点过火。大家都愿意写古文吸引眼球,可没有足够的天赋,文章往往会被写得生僻难懂,看着唬人,其实没什么实际内容,更谈不上艺术价值。其中负责撰写列传的宋祁,就总喜欢用些生僻难懂的字眼。

　　从年龄、资历上说,宋祁都是欧阳修的前辈,两人又共同修撰《唐书》,欧阳修有点不便说他,只好委婉地讽劝。一天早上,欧阳修在唐书局的门上写下八个字:"宵寐非祯,札闼洪休。"宋祁来了,端详了半天,终于悟出了是什么意思,笑说:"这不就是一句俗话'夜梦不祥,题门大吉'嘛,至于写成这样吗?"欧阳修笑道:"我是在模仿您修《唐书》的笔法呢。您写的列传,把'迅雷不及掩耳'这句大白话,都写成'震霆无暇掩聪'了。"

　　宋祁听了,明白欧阳修的意思,不禁莞尔,以后写文章也平易起来了。

　　这个故事把欧阳修平易为文、通达修史的追求融入他成功的合作公关上了。

　　还有一件事情更能看出欧阳修在平易文风改革与坚守的胆识和勇气了。

　　当时有个文学派别叫"太学体"，这是当时很流行的一种宫廷文体，具有险怪艰涩的特点，代表人物是太学讲官石介。"太学体"在对浮华淫巧的西昆体批判过程中矫枉过正了，以致它既无古文的平实质朴，又乏骈文的典雅华丽，直接以断散拙鄙为高。后期领袖人物刘几是一名颇为自负的太学生，最大的特长就是常玩弄古书里的生僻字词。欧阳修的古文向来是通达平易的。批阅试卷时，欧阳修看到一份试卷，开头写道："天地轧，万物茁，圣人发。"用字看似古奥，其实很别扭，意思无非是说，天地交合，万物产生，然后圣人就出来了。欧阳修也是顽直任性，当即就着他的韵脚，风趣而又犀利地续道："秀才剌，试官刷！"意思是这秀才学问不行，试官不会录取！

　　放榜的时候，那些写"太学体"而自高自大的考生发现自己居然没有被录取，纷纷闹事，甚至有人说要到街上截住欧阳修痛打。但皇帝充分相信欧阳修的人品和判断力，给予了他极大的支持。历史也最终证明了欧阳修的正确，北宋文风自此一振。就连"太学体"的那个刘几，后来也改过自新，变革文风，更名刘辉，重新参加考试，并获取了功名。

　　不过欧阳修也并不是一开始就崇尚平易文风的，他也有一个励志图新、发展变化的淬炼过程。

　　当时文坛上流行骈文，文风华丽，是免不了说大话、套话，欧阳修一开始也不能免俗，也学习写作骈体文，也用这样的文章去参加科举考试。后来他渐渐不满足于那样死板的文风，特别是在自己上司钱惟演的支持和厚爱下，欧阳修与至交梅尧臣、尹洙等人有了充分的时间去琢磨古文创作，凭借自己丰富的学识，效法先秦两汉的古文创作，后又以李白、韩愈、柳宗元为学习典范，博取各家所长，力戒众人之短。他认为文道并重，文具有独立的性质和价值，积极倡导诗文革新，力图打破当时陈腐的文风，从而有力领导了一场古文运动。

　　经过卓然不凡的不懈努力，欧阳修领导的北宋古文运动取得了完全成功，结束了骈文从南北朝以来长达六百年的统治地位，为以后元明清九百年间提供了一种便于论事说理、抒情述志、文风平易的新型古文。

　　欧阳修由此成为一代文章宗师，其实还在于他已经具有了优秀的文学史意识和求真求实的立生态度。

　　请再看一个小故事，小文也就此打住了。

　　欧阳修晚年，还经常拿出自己年轻时写的文章来修改。夫人心疼地规劝道："这么大岁数了,还费这个心。难道还是小孩子,怕先生骂你吗?"欧阳修笑道："不怕先生骂,却怕后生笑。"

2018-11-27

第三辑　母语情丝

语文教学中的"答记者问"

叶圣陶先生的"教是为了不需要教"这句名言,可以作为一项基本原则,成为我们语文教改的重要目标。教师应需思想上明确树立"教是为了学而不是代替学,讲是为了练而不是代替练,发挥主导作用是为了使主体自立而不是否定主体作用"这个基本理念,将应试教学转进为素质教学的努力落在教学实处。

过去有些心浮气躁的我仍如一般"师者",往往把"传道"变为注入式的满堂灌,把"受业"衍化为布置大量作业,而偏偏忽视了"解惑"。而面对习惯于老办法、老方式的教学对象,启发式教学常易蜕变为一种习惯性的自言自语,根本没有注意在"解惑"上下功夫。其实学生的"惑"多"惑"少,"惑"深"惑"浅,正是学生素质高低的表现。我们知道发现问题是解决问题的前提,不能发现,谈何解决。发现问题的能力是人的认识能力、思维能力等的重要方面,在语文教学,特别是高年级的语文教学中,有意识地培养学生"惑"的能力,即产生疑问、发现问题的能力,不失为一个好方向、好思路,为此我们不妨在语文教学中尝试一下"答记者问"的教学方式。

这里所谓的"答记者问"就是教师在课堂教学中安排一定的时间鼓励学生对教学内容,甚至相关的问题——向老师提问,也可以学生向学生提问,然后由对方做出解答,解答的过程和内容可由他人质疑、指正或补充等。

"答记者问"首先是"问"。问是教学过程中经常要用到的一种富有激发性、创造力、生命力的教学手段,我们固然要研究和实践教师的"问",从各种角度的"问",到各种方式的"问",但我们更要探索学生的"问",学生发散、独到、特别的"问"。在遵守教学大纲,完成基本教学任务,解决教学重难点等正常教学过程中,教师在每一篇课文教学研读的前后,安排一定的时间,或可更自由些,来引导、激发、回答学生的问。引发指导学生的问可以有以下几种方式:

第一,专题式。教师可布置某一专题激发学生踊跃提问,如就文章的主题、风格、结构、背景、作者等方面作为专题引导学生发现问题,提出疑问。

第二,自由式。鼓励学生就感兴趣的有关文章的任何问题大胆质疑,敢于发问,不受限制的问,甚至也可以有点戏问戏答之类的插问。

第三，迁移式。发动、启发学生就作者创作的思想内容和语言形式等问题联系所学，善于迁移，积极比较、拓展，可问假设为什么如此，不如此将会怎样，形成有价值的问题。

第四，任务式。针对部分学生多原因的不疑不问，教师将提问作为学习任务要求学生必须完成，鼓励学生就一些不甚理解、一知半解等学习中遗留问题提出探询，教师可随机做详略问答。

不管哪种方式，都必须使每个学生积极思考、敢于怀疑、广泛联系、善于比较，同时还需要注意：一要尽量牵涉教学的重难点，不能偏离教学目标；二要鼓励问的积极性，特别是心理素质差的同学，更需大胆锻炼，不能落下少数同学；三需善于控制问的秩序，因势利导，循循善诱。

教师的答也大有讲究，这对教师的教育教学智慧和教师的专业素养也是个极大的考验。教师肯定做不了工具书般的解答，但一定要有问必答，即使是简单幼稚的问题，也要视具体对象做出或批评或鼓励的回答。

教师的回答可以采取以下几种方式：

第一，直接完全答疑式。清清楚楚、明明白白直接解答学生的提问。

第二，间接部分答疑式。启发学生自己解决或合作解决。

第三，以问代答式。把回答巧妙地隐含在教师的发问里，引导学生进一步深入思考。

第四，推荐点将式。把某些问题交给同学们来回答，或推荐自荐，或教师点将代答。

采用"答记者问"方式，最大的意义是培养学生思考的意识和能力。同时在学习方式上变被动为主动，充分发挥学生主体作用；变单调乏味为活泼多趣，增强学生的学习兴趣；变知识为能力，学生既锻炼了语言表达的能力，又可以在答问的踊跃氛围中集思广益，触类旁通。

当然，教师这里的"答记者问"不应像外交场合那样闪烁其词、点到为止，而要清楚细致，富有启发性和条理性，这就给语文教师摆出这样的现实：语文教师的修炼永远在路上。

1998-10-21

命题有艺术

　　命题，是作品的重要组成部分。成功的命题是读者借以了解作品内容的窗口，是读者走进作品情境的桥梁。

　　"题目"，据郭沫若考证，"题"之本意即指人"额"，"目"即指人的眼睛。题目冠于文章之首，当能起到"眉目传情"的妙用，许多内涵丰富、意趣盎然的题目不但有诱读效果，且与内容互为辉映，相得益彰。

　　南宋著名诗人文天祥，有本著名诗集《指南录》。此书得名于诗人眼看半壁江山已落元军之手，剩下南方还未沦陷，在渡扬子江时有感而发："臣心一片磁针石，不指南方誓不休。"文天祥以《指南录》作集名不仅贴切精当，还充分表现出他强烈的爱国主义情感。

　　19世纪法国大作家司汤达的名著《红与黑》的故事性很强，就连题中的"红"与"黑"的表征意，也引起广泛关注。据有关资料解释："红"是指充满英雄主义业绩的拿破仑帝国时的红色军装，"黑"代表猖狂复辟的教会势力的黑袍。因这部书名的概括性和丰富性非同一般，不同时期研究者的各种诠释和推论，无形中构成了《红与黑》书名学。

　　中国现代文学的许多名家，也非常讲究作品题目的思想艺术含义。鲁迅先生有一组回忆青少年时期的散文，刚发表时总题为《旧事重提》，虽也准确，可1927年编成集子时，却以《朝花夕拾》之名面世。这个题目较前更具感情色彩，又富有诗情画意。茅盾的长篇代表作《子夜》原题为《夕阳》，意在表明旧中国已日落西山，可《子夜》除包括原有含义，还预示着黎明即将到来。这一改动也能反映出作家的思想在创作实践中不断深入和升华。

　　好的命题不但有达意之功，更具抒发情怀之效。已故的当代女作家戴厚英的《人啊人》很具有代表性。她的创作几乎是在"人啊人"的不解与深解的呼唤中完成的。心灵的呼唤，包含无数读者在内的对"人"的认识、理解与慨叹，自然形成了无法替代的绝妙命题。

　　命题的艺术手段多种多样。总结前人作品成功的命题，将为我们写文章，

掌握命题艺术,有极佳的借鉴作用。常见的命题艺术手段主要有以下四种:

(1)用对立揭示矛盾冲突,构成悬念。

如鲁迅先生1933年写下的《为了忘却的记念》这篇著名的杂文。细看题目,作者就将读者带进了"记念"和"忘却"的心理和情感矛盾冲突中。"忘却"什么,为何"忘却","记念"什么,何以"记念",悬念顿生,深沉有力。曲笔表现的两种情感犹如两股烈焰,灼痛读者心灵。还有如《苦难风流》《古典新义》等。

(2)用设问来发人深省,扣人心弦。

如毛泽东《实践论》中《人的正确思想是从哪里来的?》一文开宗明义,紧扣中心,直接发问,发人深思,从而突出了"实践、认识、再实践、再认识""两个飞跃"的认识观。还有如《中国人失掉自信力了吗?》《谁是最可爱的人》等。

(3)点明描述对象,渲染引人入胜之情境。

如《荷塘月色》这个题目,读来使人宛如置身荷塘,徜徉幽径。亭亭碧绿的荷,迷蒙的月,还有花香沁人心脾、薄雾缭绕的池塘,多么迷人的画境。还有如《雨中登泰山》《桨声灯影里的秦淮河》等。

(4)以比喻、拟人等手法命题。

如《打开知识库的钥匙——书目》,将"书目"比作打开知识库的钥匙,形象生动、浅显易懂地展示了书目的价值和作用。如《废墟的召唤》赋予"废墟"以人的情感和活动,将"废墟"对每个游览者的触动和感召直接表现出来。也有善引名句、巧改名篇的。如《南州六月荔枝丹》是我国著名科普作家贾祖章的作品,借用明朝陈辉《荔枝》诗中的句子。《爱"廉"说》巧改北宋理学家周敦颐的散文名篇《爱莲说》为题,别有一番情趣。

总之,文章命题大有艺术,但首先必须基于作者对生活现实的独到认识,对作品内容的深入思考。切不可本末倒置,故弄玄虚。

2004-10-21

《药》的人物"关系学"

文学作品中人物关系的联结、变化和对照,实质都是社会关系的反映,正如马克思曾精辟指出过的:"人的本质并不是单个人所固有的抽象物,在其现实性上,它是一切社会关系的总和。"因此,小说人物关系,特别是典型人物形象之间的关系,势必能反映作品的深刻社会内涵。本篇试从人物之间关系的解读出发,以鲁迅小说《药》为典例,谈一谈如何从人物关系这个独特角度探讨、巧解鲁迅小说的思想主题。我将此称之为《药》的人物"关系学"。

《药》的人物形象活动与活动中的人物关系,作者别具匠心地把他们主要安排在"古口亭口""茶馆"和"丛冢"三处来集中展示,相互之间保持着动态的逻辑关系,并由其深刻的思想主题将它们统一起来。

1."古口亭口"处人物关系描写折射的黑暗社会的荒诞性

在人物描写上,作者都不是孤立地描写某一个体或某一群体人物形象,而是把人物放到特定的互动的关系中去描写,他们的言行、态度、心理、情感等都是在人物关系的相互作用下产生并且表现出来。《药》的情节一开头就通过人物的动作、语言等,描绘出家庭的人物关系。"小栓的爹,你就去么?""小栓……你不要起来。……店么?你娘会安排的。"这两处语言描写中,人物关系已显示出表达深刻内涵的初步前提来——老栓"就去",小栓娘"安排"店,小栓重病"不要起来"。至此人们已粗知老栓带着"硬硬的"到"古口亭口"处的目的。

"古口亭口"处的人物关系主要有几个方面:老栓和"一个浑身黑色的人(康大叔)",老栓和"三三两两的人","一堆人"和"结果"的"犯人"。对这种人物关系的构成本身仔细想想,就能产生一些很有价值的问题:老栓怎么会跟刽子手打起交道来?"一手交钱,一手交货"的货是什么,用来干什么?天这么凉、这么早"三三两两的人""潮一般向前赶","颈项都伸得很长"这是干什么?被结果的犯人是谁,因为什么?随着情节的发展,人物关系描写的思想立意一步步彰显,而且这篇小说人物关系中最突出、最必要的构成显露出来:华老栓代表的群众和夏瑜所代表的革命者两个典型人物关系的性质揭示和具体描写,还有这些人物关系描写的独特背景:黎明前的黑暗。小说主题的一些重要方面已渐渐显示出来:华老栓为治儿子的痨病把唯一的希望放到从刽子手那里用血汗钱买来的"人血馒头"上,而这个就是要把群众从灾难中解救出来的烈士鲜血;一堆人甘冒寒冷看"杀人",而所杀的人是为解救他们、造福他们的革命烈士,群众的愚昧无知不是更清楚了吗?而夏瑜被杀时,谁能理解一个救民于水火的革命者的思想感情呢?而夏瑜又成了他要解救的人看热闹稀奇的对象和茶余饭后的谈资,他的一腔热血竟被当成了治病的药,这是一个革命者怎样的寂寞和悲哀呀!同时这种人物关系描写在"街上黑沉沉的一无所有"、"一只也没有叫"的几只狗、"只见许多古怪的人,三三两两,鬼似的在那里徘徊"等场景描写的映衬下,折射出黑暗社会的荒诞性。

2."茶馆"处人物关系描写折射的落后时代的腐朽性

"茶馆"处人物关系安排自然而巧妙。这里不是一般的店主茶客关系。构成"茶馆"处人物关系,有三个方面特别重要:一是康大叔与店家和众茶客的关系;二是店家、众茶客和夏瑜的关系;三是夏瑜和红眼睛阿义、夏三爷的关系。这三个方面的关系是在康大叔闯进茶馆的情节中展开的。每种人物关系的描写虽有的是直接,有的是间接,但绝不是纯技巧的表现,而是别有深意的。

第一种人物关系中"满脸横肉的"刽子手的"闯进","嚷道",只一言一行就生动体现出这种统治阶级最下层的爪牙在普通群众中的威势了。这样一个可恶的差役走狗,群众却都尊称他为"康大叔",他在华家以恩人自居、自卖自夸时,"老栓一手提了茶壶,一手恭恭敬敬的垂着,笑嘻嘻地听。满座的人,也都恭恭敬敬地听。华大妈也黑着眼眶,笑嘻嘻地送出茶碗茶叶来,加上一个橄榄,老栓便去冲了水。"人们对一个刽子手众星捧月恭敬得近乎虔诚了。这种众星捧月的"恭敬"给予的是狱差、刽子手而不是崇高的革命者,群众的愚昧怯懦不恰恰映照着革命者的寂寞、悲哀吗?

第二种人物关系的描写主要是通过"花白胡子"低声下气"问"出来的,众茶客对夏瑜"这个小东西也真不成东西!关在牢里,还要劝牢头造反"的反应是:"'阿呀,那还了得。'坐在后排的一个二十多岁的人,很现出气愤模样。""阿义可怜——疯话,简直是发了疯了"等。老栓这里似乎没跟夏瑜发生关系,然而老栓一心安排着店,不问世事,一心惦记"人血馒头"的药效,表现出对他人和革命者的漠不关心,不恰恰构成了一种自私冷漠的特殊关系吗?由此群众对革命者的态度,革命者在群众眼里的形象,这种相互的人物关系描写就进一步表现出群众的愚昧无知与革命者的寂寞和悲哀了。

而第三种的夏三爷、红眼睛阿义对夏瑜冷酷无情、贪婪残暴的人物关系描写,在前面的基础上,愈加清楚地折射出旧世界落后时代的腐朽性。

3."丛冢"处人物关系描写折射的辛亥革命的沉重性(悲剧性)

《药》的最后一节,情节已近尾声,但在人物关系描写上,笔力毫无松懈,人物关系构成内涵同样是丰富的。除了华大妈与"老女人"、"老女人"与夏瑜烈士等主要人物关系外,作者还特意创造了一个耐人寻味的人物关系:夏瑜烈士与献花的人。在华大妈与那"老女人"(即夏四奶奶)人物关系的描写上,小说把两处苍生的悲剧集中到死亡之地,这有助于拓展两个母亲对悲剧的反映和相互之间反映出来的思想内涵。华大妈在"新坟"前表现的是悲戚麻木,而夏四奶奶一看见儿子坟边别人的坟上有人,便"惨白的脸上,现出些羞愧的颜色",因为她认为儿子是犯死刑(犯了王法)被杀的。作为母亲,无法知晓儿子为何而死,看不到儿子牺牲的一点点价值,却感到羞愧可耻,承受内心折磨。这是怎样残酷地表现出人民群众在长期蒙受欺骗和压榨的苦难生活中因袭形成的愚昧无知啊!而另一方面讲,连母亲都不理解或不懂得自己的事业,这不是革命者巨大的寂寞和悲哀吗?

夏四奶奶与"瑜儿"的人物关系描写,应该注意这点:夏四奶奶面对烈士坟头的花环是怎么也不能理解的,即使开始想到"瑜儿,他们都冤枉了你",也只是以为冤魂在"特意显点灵",并希望树枝上的"乌鸦"能够告诉自己一个答案,这不正表现群众无奈寄托天命的愚昧无知?两个老母亲给年轻儿子上坟,年轻的儿子被吃人的社会所吞噬,这不是一种使人痛苦和压抑的象征描写吗?

也许是作者"听将令","不主张消极",或是"显出若干亮色"让读者从夜沉沉的黑暗里找到一些光明,作者借坟头上的花环,描写了烈士和同志的人物关系,表明同志们在关心他、纪念他,透露出"革命后继有人"的信息。其实正如作者自己说的:"所以我往往不恤用了曲笔,在《药》的瑜儿的坟上凭空添上一个花环……"是凭空添加的曲笔,然而我们不能就此认为这种人物关系描写是赘笔,是无用的虚拟。我认为这是从另一个侧面更含蓄委婉地表现革命者的寂寞和悲哀。这应该更接近作者真实的思想。

年轻人的血被另一个更年轻的人蘸馒头吃下,而共同走向死亡,哀老的母亲为此更痛苦麻木,并为此遭受着愧的折磨,这些极为含蓄深刻的描写,将辛亥革命失败的沉重和中国命运的艰难困厄艺术地再现出来,无不撼人心魄。

《药》是"正视人生"的,作者清醒的现实主义精神,使他通过《药》的人物形象塑造,表达他对中国社会出路、中国命运转折的深邃的洞察、宏达的思考和艺术的再现。

综上讨论,《药》主要是通过人物关系的描写来塑造人物形象,也是通过人物关系的描写来揭示小说的主题的。虽然《药》中人物关系丰富复杂,但始终贯穿的核心人物关系是群众和革命者。这种人物关系从小说结构上是互相依赖、互为因果的,从现实性质上却是对立冲突的关系。《药》就是通过这种对立冲突的人物关系,映照出当时群众的愚昧无知和革命者的寂寞悲哀,并且这二者又是密不可分的,《药》的主题便因此突出深化:在黑暗社会里,革命者因群众的愚昧无知而寂寞悲哀,革命者因没有改变群众的愚昧无知,而陷入彻底的寂寞悲哀。这是革命者的不幸,更是民族的不幸。如何彻底摆脱不幸、战胜不幸,需要民族觉醒,期待权利真正实现。

2005-09-22

高考话题作文拟题指要

新课改形势如火如荼下的高考已步步逼近我们这些拼命复习追求理想的"扒分族",无论老师还是学生在分数这个命根子面前,不用扮清高洒脱或愤世嫉俗,还得实事求是去勤奋实行现实主义。针对一般普通高中学生起点低、差距大的现状,应清醒地想到,采取与重点高中同学一样的复习应考法,是无法缩小差距的。作文分数占语文五分之二的比例,为此我们必须有的放矢地进行高考作文的应考训练,虽然积习成章、久学能文,但临考训练,有努力定有成效。

因话题作文长年来为高考作文的主要形式,每年都需做好话题作文的准备。话题作文的"三自"(立意自定,文体自选,题目自拟)最直接体现的就是"题目自拟"。在作文评分标准中,拟题情况虽然只占两分,但它是衡量考生写作能力的标尺之一,是学生展示能力与素养的一个平台,也是给阅卷老师的第一份"见面礼",能使阅卷老师眼睛一亮、精神一振,也可能让阅卷老师产生该考生薄弱、懒散、欠缺的第一印象,所以拟题往往影响全文的得失,攸关高考的成败。

话题作文的"题",只是逻辑思维的起点,是进一步联想和思考的跳板。拟题时既不能拘泥于它,又不能脱离它。因为种种原因,本校学生虽然也很努力,但基础不牢,很多学生作文拟题常出现一些问题,概括分析起来,大致有下面几种情况:

(1)题目游离话题。

这是审题不准的表现。话题作文不设审题障碍,不等于不需要审题。审题还是需要的,而且必须审题准确才行。审题就是准确把握话题概念的内涵和外延。准确把握词义语义,由表及里,去伪存真。而游离话题即题目没有直接处在话题之中,往往是对话题做了不适当的延伸或比喻。在不该延伸的地方立意,因而游离了话题本身的内在要求。如"心灵的选择"话题,有考生拟题为《学会宽容》,就与话题产生偏差了,如直接拟题为《选择宽容》就来得痛快明了。

（2）题文不符。

话题作文，一方面要求自拟的题目与试题中的话题一致，另一方面又要求考生的写作内容与其自拟的题目保持一致。而实际上很多考生没有围绕自拟的题目去写作，而是写了与题目不相干的内容，出现了"文题不符"这种低级错误。比如《诚信自述》，通篇内容却写"什么是诚信""现代社会呼唤诚信""发扬中华民族美德——诚信"，完全忘却题目中"自述"二字，这是典型的题文不符。

（3）题体不符，即题目与考生自选的文体不匹配。

少数考生拟题中出现了"论""说""之启示""之我见"之类的字眼儿，明显的是要采用议论文的文体来写，而其正文却是散文式的写法和语言风格。有的题目如《心灵的天空天使在飞》《清风伴我舞》之类，而文章结构与语言却是议论文的，不伦不类。

（4）忘拟题目，或照搬话题。

这可能是考生误以为话题就是题目开始就直接写第一段，这明显有违"题目自拟"要求，虽然话题作文常提供一段材料，给出一个话题，如"记忆""诚信""答案是丰富多彩的"等，但那仅仅是写作的范围。

（5）空泛无边，遣词不当。

不少考生题目太大太空，如"人生""生命""爱"，使文章的切入点太多太大，或没有切入点，不利于从小处着手，把问题谈深谈透。还有遣词不当的，如很多同学喜欢用"论"什么，如"境遇与回报"。

（6）文题消极，格调不高。

写文章无论写什么话题，无论拟什么样的题目，一定要树立文章"务为有补于世"的写作意识，千万不要拟消极标题，更不能在标题中有不健康的感情倾向和错误的政治观点，反而错误地以为这是"实话实说"。如有考生拟题为《诚信是可以抛弃的》《诚信可休矣》《选择金钱》等，这对考生是一个致命的错误。

如果说作文是画龙，那么拟题就是点睛，可见好题一半文。介绍了上述作文拟题不当的几种低分情况，就是让学生检查自己进行反思认真对待着力避免的。针对种种问题的分析，我们应舍得在"巧拟题目"上花时间，用心思，一方面一定不能无题或照搬话题，另一方面要巧拟题、拟好题。

拟题训练可从以下几个方面入手：

（1）引导学生掌握拟题的原则，就是题目生动且在话题之中。

如果是论说性质的文章，自拟题目务必观点明确，使人一目了然；如果是散文类的题目，题目要生动形象，并注意在文中点明主旨，最简单最节约的拟题方法是在概念性的话题上加签一个表明自己态度、观点的词，如"土地"，拟成《温暖的土地》，如"水"可拟成《珍贵的水》等。

（2）引导学生认真分析材料及话题，并善于化大为小，宽题窄做。

很多学生迟迟拟不出题目或是拟题不当，往往因为对材料及话题的内涵未能全面准确地领悟。因此认真阅读材料、吃透材料及话题是快速拟题的先决条件，因此要指导学生在审清材料、明确话题、概括中心、选准角度的基础上，化大为小，化虚为实，把原话题宽泛的大范围变为具体的小范围。把大题目变成一个有内容、能写好的小题目，如"记忆"可拟为《珍藏记忆》，"路"可拟为《路在脚下》。

（3）指导考生掌握一些拟题的小技巧。

一是借用名言佳句。文质兼美的名言佳句，是语言的珍珠，富有哲理性，给人以美的享受。如《为有源头活水来》《不畏浮云遮望眼》。

二是巧用修辞。在标题中巧妙灵活运用比喻、引用、设问、对偶、对比等修辞手法，可以使文章形象生动，引人注目，如《沟通的钥匙——真诚》《善良花开满城香》《大格局与小追求》等。

三是巧用成语。成语是一种相沿习用、信息量极大、表现力极强、言简意赅的语言形式。在拟题时，巧妙地借用成语，能收到言简意赅、意韵丰厚的成效，如《当仁不让》《闻过则喜》《和衷共济》等。

四是学科渗透。把政治、历史、地理、数学、英语等学科的某些术语或形式（不可生僻高深，让人不知何意）引入作文题目，使之与文字相互联系、渗透，能收到直观醒目、生动有趣、引人入胜之效，如《储蓄友谊》《求索的万有引力》《增值时光》等。

五是标点符号入题。标点符号是无声的语言，能把叹号、问号、间隔号、省略号等引进标题中，不仅内涵丰富，形式新颖，而且可以收到"此时无声胜有声"之效，令读者回味无穷，如《真理在一百个？后》《拒绝之后……》《啊，分数！》等。

如果真正下功夫解决拟题的问题，那将是能立竿见影的。完成高考作文

"基础等级"的"一项任务",然后再加强其他方面的训练,再使自己的文章适当引经据典,讲究意蕴含蓄,显示出一些文采,多一些亮点,那么这对高考作文的阅卷将是积极的影响,高考作文将会走出低分的阴暗谷底。

2006-03-11

设疑切入妙处多

　　语文课本的选文从来都具有经典性、范例性和涵盖性。《语文课程标准》指出：语文课程应培养学生热爱祖国语文的思想感情，还应重视提高学生的品德修养和审美情趣，使他们逐渐形成良好的个性和健全的人格，促进德智体美劳的和谐发展。虽然选文的发展趋势里增加了一定的时代性，但肩负培养人文精神的这门工具性学科，一定会增加传统诗文和近现代的文学精品，因为它们具有语汇积累的丰富性、文法形成的规范性和无法估量的教育价值。

　　然而经典名篇穿过历史的时空，虽然有积蕴千古岁月的无尽启迪，虽然有浸润日月风雨的精气灵性，但对于生活在当代崭新社会环境中的中学生，特别是对于缺乏相应背景知识积累又困于题海之中的中学生来说，显然他们缺乏必需的阅读准备，存在着一定的阅读隔膜和困难。如果我们语文教师不能做卓有成效的引导和启发，这些因时代气息不足，学生对此缺乏文化亲近感的文学经典，从形式到内容都很难进入当代中学生的心田，甚至使他们产生冷漠和畏惧感，反而会破坏语文教育的形象，损害语文教育的意义。因此如何卓有成效地让文学经典深入学生心田，教师就不仅要"传道受业"，更要"解惑"，解决学生面临的学习之惑。

　　新课程倡导"探究式学习""对话式学习""自主学习"等方式，这些学习方式其本质都是以问题为中心展开的教学，根据教学内容与要求以及学生的知识准备和能力基础，找出问题的切入点，巧妙地设疑、激疑，造成悬念，着力培养学生质疑解难的意识和能力，让学生在问题的疑思中点燃智慧的火花，在问题的谜团中激发学生冲险破关的兴趣、勇气和力量，从而有所发现，有所创新，进而生成新颖、独特的见解，学会学习与发现，妙处良多，意义不凡。

　　现以孟子散文《寡人之于国也》为例，粗略分析一下设疑切入的妙处。

　　《寡人之于国也》是对话体论辩文，文章题旨深刻，说理形象，论辩有力，历两千多年丝毫不减其"以人为本"的思想光芒和汪洋恣肆的语言魅力。如何让学生深入理解、掌握这篇经典古文，是很需要一定的教学艺术的。布鲁克指出：

最精湛的教学艺术,遵循的最高原则是让学生提出问题。因此新课伊始,教师必须创设有趣的问题情境,让学生积极主动地认知孟子和孟子写作本文的历史背景。温故而知新,师生齐背《〈孟子〉二章》中的名句,如"天时不如地利,地利不如人和""得道多助,失道寡助"等,此时教师及时设疑:孟子的"人和"指什么? 孟子的"道"又指什么? 引导学生认识孟子高举的是"仁政"和"民本"的大旗,阐释的是"王道"的思想。无疑孟子的思想是适应社会发展,符合历史规律的,封建社会孟子作为"亚圣"被奉祀着,可是平民出身的开国皇帝朱元璋为什么那么忌恨他,要删改他的《孟子》? 相信这样的问题能够激发学生的兴趣,经由教师的引导和学生的议论,可让学生明确这样的认识:

(1)孟子时常在各国的国君面前,直言告诫国君应该做什么,不应该做什么,有伤国君的尊严。

(2)"民贵君轻"的思想。

(3)指责统治者"狗彘食人食而不知检,涂有饿莩而不知发"。

同学们想想,朱元璋哪有李世民那样的胸襟,对孟子怎能不恼羞成怒呢?

在检查预习和熟读课文的基础上,教师趁热打铁,再设疑切入课文。可如此设疑:孟子在梁惠王面前侃侃而谈,看似散漫无纪,实则段落分明,而且层次井然,环环相扣,结构特别严谨,不可分割,你们谁能看得出来? 问题一出来,学生自然认真读文,深入思考,教师适时点拨:文章各部分里都有相同的语汇和话题,画出来想一想。这一点拨会让学生迅速明确了教师设疑的结论性内容:

(1)"寡人之民不加多,邻国之民不加少,何也。"

(2)"则无望民之多于邻国也。"

(3)"斯天下之民至焉。"

孟子是紧扣"民不加多"来展开论述的,三句都在各段的末尾,既对每段的内容起了画龙点睛的作用,又体现了各部分之间的内在联系,把各部分连成了一个有机的整体。这一环节的设疑解疑,可以使学生整体地感知了课文,并进而上升到一个新的理解层面,从而可促使学生更深入地关注课文的丰富信息,解读潜藏在文本背后的表达方式。

教师这是应鼓励学生自己来提出问题了,当然相机点拨还是必不可少的。教师在学生立足文本开动脑筋、积极思考的学习情境中,可进行提示:梁惠王是个什么样的人? 孟子实际上已经告诉了我们,用文本中语汇来回答。学生明确

"王好战"（梁惠王是一个穷兵黩武的国王）。好，那他自然不会关心孟子的"仁政"，对"王道"自然不感兴趣，所谓"话不投机半句多"，孟子该怎么才能让梁惠王发生兴趣呢？学生进而明确"王好战，请以战喻"。用战比喻，正对梁惠王心思，巧设诱饵。那如何用战比喻呢？学生此时自然能够概括出"五十步笑百步"。那战国时期"好战"的国王仅是梁惠王吗？学生明确不是，那教师因时制宜，可晓知学生：国王好战，正是战国时代的特征，各诸侯互相攻伐，争霸天下，"杀人盈野"，"杀人盈城"。这正是孟子阐述"王道"的历史背景，即孟子主张具有切实而迫切的现实针对性。教师接着设疑，"王好战"，课文有没有侧面讲述其灾难性的后果？明确有之后，同学们就会说出"王好战"就会"违农时"、"误耕织"、"黎民饥寒交迫"、"庠序之教"无法"兴"、"狗彘食人食"等，社会极其不公。学生由此认识到，这正是"民不加多"的根本原因，那如何才能"民加多"呢？孟子自然是有的放矢，对症下药，学生将会概括出来："民加多"的有效而根本的措施是"无失其时""勿夺其时""养生丧死""兴庠序之教，申之以孝悌之义""黎民不饥不寒""王无罪岁"等。可见孟子巧妙控制了论辩的方向，虽有些迂回，却诱驱论敌乖乖就范，恭听了一番孟子的义正词严、情感强烈、气势酣畅的"仁政教育"。

当然朗读背诵，疏通文字，是掌握文言文的前提；而设疑切入，激活学生情智思维，使学生乐学善学，尤显重要。必须说明的是，设疑切入的问题应该新颖，富有思维情智的冲击力；疑必须是真疑，真问题，是学生原有的认知、原有的学力与新事实新现象之间引发出来的认知冲突，是冲突下的认知强驱力。切不可无疑而问，为问而问，口头禅似的问。教师需要创设有价值的问题情境，使学生进入浓厚的思辨氛围和情境。另外教师还要促进学生广泛地阅读搜集相关的材料，积累、筛选尽可能多的有益信息，这也是创造学生善思生疑的条件。问题的生成、灵感的闪动是对博学多识、辨思好问之人的馈赠。

2007-05-22

高中语文学习心理浅析

1.高中语文学习心理调查分析结果的背景

（1）学习心理走进语文学习教学实践的必然。

实践召唤理论，语文教学实践召唤学习心理学。语文教学实践需要分析、掌握学生学习语文的心理特点及其规律，需要学习心理学，去关注、研究、解决学生语文学习中的心理问题，去探索语文学习上的心理辅导的方式和途径，去发挥心理辅导在语文这一学科上的积极作用。而学习心理学受其学科建设和发展的推动，理所当然去研究学生学习语文的心理特点及其规律。学习心理学要走出象牙塔，深入学校、走近学生，深入学习语文的五彩缤纷、绚丽多姿的广阔天地，去创造另一个科学春天的生命辉煌，并希冀在这生命辉煌中诞生语文学习心理学这一学习心理学新生儿，诚将是一件极有意义的事。

（2）语文新课标实施的需要。

语文作为关系民族心性的学科，其实质和核心是工具性和人文性的统一。新课标明确了语文学科工具的客观任务、使用功能和实践责任，但新课标更明确指出语文课程"不宜追求语文知识的系统和完整"，语文教师的根本职责是培养学生具有一定的语文素养，提高他们的文化底蕴，促进学生作为人的全面和谐的发展，充分注意语文学科丰富人的文化内涵，着眼于对学生思想感情熏陶、感染的文化功能，着眼于它是一门实践性很强、艺术性很强的人文学科特点。新课标的"统一"观为我们张扬语文课程的人文精神建立了一个刻度，正如谢慧英所说"母语的学习必须承载着这些历史的、人文的符号因素，深刻地影响着学生的精神世界"。因此调查、了解、分析高中生语文学习心理为我们"深刻地影响着学生的精神世界"提供了一个重要途径。

（3）突出学生学习主体地位的要求。

长期教育实践中，教师始终处于主导、主宰的地位，学生的主体地位没有得到切实尊重和保障。教育学、心理学更多地研究教师的教法，或立足教师来研究学生的个性心理特征和学习心理特征。我们太注重教师教法的改革创新,而忽视了学生的学法研究,为教师设计得多,替学生想得少,对学生的学习心理,特别是学生学习某一学科的心理特点及其规律研究得不够,甚至可以说是肤浅的,使处于实践性、假想性的某些观点与复杂多变的具体实践相隔膜。

(4)调查相关情况的说明。

本人多年的语文教学正面临越来越多的困惑,高中生语文学习的兴趣似乎越来越淡,学习动机——赚分似乎越来越"专一"。自主的审美、情感、心性的语言和文学的深刻体验近乎"昔人已乘黄鹤去",语文学习课堂已是"此地空余黄鹤楼"了。新课改如火如荼的形势下,努力成为专家型、研究型教师的强烈愿望促使我进一步了解学生,研究学生的心理,特别是研究学生的语文学习心理,这将是我改良语文教学的有效途径。为此,我就所在高中,分别对高中三个年级二十二个班采用问卷形式,抽样调查了330名同学,男女生各占一半,又随机和30多名同学进行了认真而坦诚的交谈,并就此问题向语文教研组的同事们虚心求教,同时专门就此问题请教了安徽师范大学教育科学学院桂守才教授,桂教授给予了热情的肯定和精心的指导,使得高中生语文学习心理的调查分析向着科学性、专业性更靠近了一步。

2.高中语文学习心理的具体分析

(1)语文学科对学生心理渗透最深,影响最大。

在调查问卷中,我设计了"从小学到高中哪门学科对你影响最大,为什么"这个问题。76%的学生回答的是语文学科,原因多是语文知识广博,语言优美,人物故事丰富多彩,最富有情感,能懂得许多做人的道理。60%以上的学生认为现在语文的课文多是古今中外的经典作品名家名篇,思想感情的感染力特别强,有时简直触动到了灵魂深处。学生的回答是与艺术心理学相吻合的。艺术心理学认为一切艺术创造都是作家郁积着的复杂情感的排解和宣泄,而这种种难以言喻和沸沸扬扬的情绪,又是创作主体为实现生活挤压和刺激凝聚而成的生活体验和审美感受。因而中学语文课文中那合乎语文规范的诗意浓郁、情意绵长、哲思隽永的文学作品就必然以其"复杂情感"深深打动审美主体,即中学生——广大的富有鲜活个性的审美主体。同时,文学作品中思维、品性、审美观念的文本内涵,无一不需调动,依赖于情感为主导的相应心力投入。因而较长时间的语文学习活动,使学生具有相当丰富的心理积累。由此可见,高中生语文学习的心理基础是良好的,语文学习本身就具有了生活的社会的和情感的心理前提。

（2）语文学习目的趋向功利,兴趣趋淡。

学生在表达自己语文学习目的时,其直率和坦诚令人感叹。在学生回答问卷"你的语文学习目的是什么"这个问题上,70%学生回答得非常明确,直言不讳:为了考分(为了高考、为了上大学等);约20%的同学回答得较为具体,认为学语文能培养自己的综合素质,陶冶自己的情操,学会做人的道理等,但目前主要是为了应付高考。在问到"你是凭兴趣、审美、情感追求,还是凭实用功利学习语文"时,65%的学生回答的是实用功利,20%的学生回答的是兴趣、情感和功利,纯粹凭兴趣、情感和审美追求的占极少数。在回答"你现在上语文课有无期待感、表现欲""你现在喜欢语文吗"这两个问题时,大部分学生表现出一种让语文老师难堪的平淡,并无较强烈的期待感、表现欲,并不是多么喜欢,一般般而已;甚至作文课、文言文课还有一些排斥。问及原因时,他们都认为阅读已不是欣赏,而是一种应考训练,枯燥地灌输知识、训练方法。完整的一篇传世美文,被肢解得七零八落,抒肺腑之言的经典佳构,学生表现出无动于衷。事实证明,高中生语文学习目的动机越来越实际、越来越功利,升学的因素占据主导,学生语文学习理应浓厚的兴趣趋于平淡。

（3）学生语文学习教师依赖度居高不下。

传统语文学习,教师一直处于主导的中心地位,教学模式、课堂设计多从教师的角度设置,学生对教师语文学习的依赖度高。本次调查中,我们从课堂语文教学和课外语文学习的具体材料,可以看出学生对教师依赖度仍然居高不下,学生独立、自主的语文学习还是一种冰封雪压的寒极地带。在课堂语文学习方面,学生回答"你理想的语文课是什么样子""你理想的语文老师怎样"这两个问题,语言热烈,言谈恳切,表述充分。

如"理想的语文课"多是老师使课堂气氛活跃,老师传授知识通俗易懂、丰富多彩,多讲课外知识,使学生在轻松愉快的享受中获得知识等。这种充分热烈的表达显示出学生把语文学习的希望和行动全部寄托在老师身上的一种实际。只有极少数学生表示出理想的语文课有时教师引导,留给学生更多的思考空间,师生互动,共同梳理。

又如描述理想的老师时,学生热烈表述的教师形象,不是朋友式同学式的,而是权威型的专家学者式的,要求语文教师应是学问渊博,满腹经纶,幽默风趣,举止洒脱,犹如全能明星般。由此可见,学生对语文教师期望值极高,特别是内在的心理依赖。

在课外语文学习方面,老师的支配力较少,应该是学生自主学习的天地。然而,高中生课外语文学习意识相当薄弱,课外阅读名著,观察社会和自然,看新闻报道,写日记、周记等行为、习惯及实际投入相当浅薄。调查得知,高中生读过中国古典四大小说名著两部以上的只占6%,课外时间被做作业和看电视占去四分之三以上。

两个课堂的热与冷反差鲜明。学生语文学习几乎都落在了课堂单一环节中的老师身上,其结果显然不妙。

(4)语文学习情感与功利的心理错位。

大量的调查材料证明,高中生对语文学习情感因素占据极大分量,情感体验、情感寄托和情感表达都超过了知识需要、兴趣投放或逻辑推演。高中生对师生关系,教学实践中平等、民主、个性、尊重、自我的意识表现越发强烈。这方面的心理品质应该完全渗透在语文这门包容性极大、价值面广泛的学科实践中去,学生在母语这门学科中德智体美等各方面的素质完全能够得到全面健康和谐的发展,它是超越一般文化意义的。

但是受功利客观影响,学生在情感与功利上却发生了令人尴尬的错位。时间就是生命,学习时间的学科投入分配,实际可见的学生价值追求的生命支付。我们认为这本身是个有意思的问题,为此我们设计了"你哪一学科总体投入时间最多""与其他学科相比,你语文学习投入时间多还是少,为什么"这两个问题。学生回答的结果惊人的一致:英语或数学投入时间最多,语文投入时间少,甚至课外已不管语文,而原因几乎都是功利的。

大家认为语文考试难得高分,投入见效缓慢,不像英语和数学,容易学,能考得高分,投入成效立竿见影。很多学生竟认为英语学习比语文学习重要,将来专业好,容易找到工作,很多家长似乎也是这样心理。忽视母语学习,如果这是个体或局部某种层面的行为追求倒也无妨,但如果是全局,甚至是制度层面的集体作为,不能不让我们忧思。

3.结论

高中语文学习心理存在着现实的迷乱和困惑,学生对语文学科的心理认同和对语文老师的情感期待多是肯定而热烈的,但受功利因素的严重影响,学生语文学习兴趣处于低潮,语文学习的潜意识和功利意识畸变而错位等。语文教师面临挑战,肩负责任是巨大的。

因此,语文教师转换观念、转变角色,师生同学协调好情感与功利关系,平衡理性与感性天平,利用有效语文学习资源,以课内调动引导课外,让学生自主进入课外更广阔的课堂中去体验文学、自然、伦理、人情的艺术与情感魅力,在平等、民主、和谐及个性尊重的体验过程中,自在自然地掌握母语这门工具,并运用这一特别的工具去创造新的人文生命境界。

2007-11-28

"手表事件"的通信

不久前一个工作日,做收发的同志来到我的跟前说:"庄老师,有你一封信。"信?进入21世纪,打电话、发QQ、发信息是平常事,写信倒很有些稀奇。我好奇地撕开封口,先看来信的落款,写信人叫王某,虽然毕业已十多年,但我一下子就想起了他。

他是一个戴着度数不浅的近视眼镜,外表文质彬彬,性格有些内向,但特别古怪的男生。他是留级转到我们班的,进班前我已了解到他的一些"劣迹",如暗中捉弄人、欺负女同学、不完成作业等,因此我是极不情愿收他的,怕他在班上捣乱,更怕他给班级拉分,但顶不住校领导的安排。进班后我找他谈话,施加学习压力,给他补课什么的,其实是希望他为班级挣分,可直到毕业他的成绩一直是班上倒数,真是一个让人头痛的学生。

他怎么会给我写信,写信又说些什么,我心里犯着嘀咕。以往毕业的学生给我写信的也多,写信的多是些在校表现良好、成绩优秀的,大多谈如何怀念母校和高中生活,想念老师同学,汇报自己现在学习或工作情况,且在我面前还有点展示自我的意思。而王某毕业已久,当初对他的责任已尽,我们之间能有什么好说的呢。因此,带着狐疑,我读起了这封信。

信是这样写的:

> 庄老师,你一定还记得我吧!我就是那个在班上几乎次次考倒数的王某。我知道你和班上的同学都瞧不起我,我爱和同学闹着玩,你经常批评我。我喜欢上你的语文,你经常出一些新鲜的问题让我们从课文里探寻,你让我们把探寻的结果上讲台介绍给大家,而你做学生,向我们提问许多想想还能答出的问题,我们同学学习兴趣很浓。我一次答出了你的提问,你不也表扬了我吗?但后来发生的一件事,却让我对你充满了怨恨。
>
> 还记得高二下学期时邻班一个女生说我偷了她手表的事吗?就因

为午休时我到他们班玩了会儿,她手表不见了就一口咬定是我偷的,她的班主任也对你说是我偷的。无论我怎样解释,你都不信。而你看到无论怎么说都追究不清这件事时,说我真是不争气,真是不想好,连女同学的手表也偷;还说我死不承认,是"茅坑里的石头——又臭又硬!"当时我的心被狠狠刺伤了,我决定要恨你一辈子。

毕业后,我又到别的高中复读了。由于对你的恨,使我产生了要好好学习考上大学的念头,所谓"知耻而后勇",我不能让你、让别人瞧不起我,所以我拼命学习,虽然成绩一直在进步,但由于底子薄,我最后还是上了汽修专业的大专,可我并没有气馁,大专努力学习专业技术之外还参加了自考本科,当汽修专业毕业不久我就拿到了本科学历。现在我在汽车工业园上班,因为专业技术过硬加上我处人处事上不傻,已当上了一个中层干部。如今我的孩子上小学了,孩子的老师天天让家长检查作业,经常考试搞成绩比较,明的不准排名,实际还是分数挂帅,座位也按分数来排,学校是按分数给老师评比。整个学校全体师生几乎都围着分数转,都被分数折腾得筋疲力尽。

老师,直到今天,我还想向你说明一点:我确实没偷那女生的手表,你真是冤枉我了,这次不知你能不能相信我。但我早就不恨你了,当初我确实给你造成了很多麻烦,说我偷手表,你也是万般无奈。现在我看到小学都这么拼分数,我确实理解了你,你也是万般无奈啊。我得感谢你和你的课,是你挽救了我。谢谢你,老师!

读完这封信,我呆住了,心灵受到了强烈的震撼。"茅坑里的石头——又臭又硬",我这样说过我的学生吗?带着自责的心理,我回忆起了那次"手表事件"。

记得那天下午,学校组织学生到操场参加一次爱国主义教育的报告会,我先到班上去组织学生。邻班的班主任走过来告诉我,王某偷了他们班一个女生的手表,他们班的几个女生作证说是王某在那女生桌边待过,过后手表就不见了。开始,我并不相信,我作为语文老师兼班主任,经常在上课时情不自禁讲到做人的道理,什么人格、品行、尊重、平等、坚毅、"勿以善小而不为,勿以恶小而为之"等，因为是从课文内容的赏析中生发出来的，学生并不觉得是空洞的说教，还是能够自然而然、潜移默化的。就拿王某来说，虽然学习成绩差，小毛病不少，但总不敢也不至于偷手表的吧。但说什么也得调查这件事。于是我把王某叫到办公室，问他怎么回事，究竟偷没偷手表。如果偷了，就赶紧还给她。说这是不道德、不光彩甚至是违法的事。王某一口否认，还说那几个女生跟他有过冲突，谁知道她们是不是串通好了来陷害他。因为要组织学生进入会场，我决定回头再来查问。

散会后，我和邻班班主任找到邻班的那几名女生，她们说手表就放在桌上，班上当时没其他人，王某走过来后，手表就不见了，不是他偷的，是它长翅膀飞走了吗？那几个女生倒真是伶牙俐齿，似乎对我这个"小偷"的班主任有几分责怪。我把几分不悦全转到王某身上，厉声问他到底是不是他偷的，说他损害了班集体的荣誉，丢失了做人的良知，玷污了一个青年的人格，等等。可王某要么一言不发，要么就是"我没偷""老师，你相信我，我真的没偷"。看他这么执迷不悟，我更加恼火，心想，这家伙真是不到黄河心不死，不见棺材不掉泪呀。于是，我第二天叫来了王某家长，当面又问了一遍事情的来龙去脉，故意让他听，逼他承认，可他却急了，说："老师，你怎么相信她们，就不相信我呢？"他死不认账，我没法向邻班交代，一时气得没办法，就骂了他："你真是茅坑里的石头——又臭又硬。"后来这件事因没有物证，又没有现场目击，王某死不承认，也没办法，也就不了了之，但我不放心，安排了几个同学密切观察王某，除发现王某变得更沉默内向了，也没什么，渐渐地这件事也就淡忘了。

没想到事隔十多年之后，今日王某又重提旧事，说我真冤枉了他，而且说我深深伤害了他，这怎么能叫我心安呢？因为自从走上讲台那天起，我深知语文教师要学高为师、身正为范，语文教师要用自己的灵魂与情思去和学生一起含英咀华。而语文老师兼班主任则更要言传身教，以身作则，关爱学生，不能讲一句重语，以免伤害年轻的心。我常跟学生看书、读报、讨论问题，也和学生一起玩、一起乐，因此，师生关系处得很融洽，许多同学都能向我说些心里话，而我也自认为是个不错的老师。但是这件事对我的自信心，是一个沉重的打击。我犯了错误，并且犯下了一个很不小的错误，它伤害了我的学生，这使我不能原谅自己。

怎样才能抚平王某心中的伤痕呢？我决定迅速给他回一封信。信写得很长,我真诚坦白自己看了他来信后的心情、想法和愧疚,诚恳向他道歉,并相信他是清白的。我希望他放下"历史"的包袱,不能因恨而学习,而要因爱学习,为爱语文、爱人生、爱理想而"爱"学习。在这封信里,什么师道尊严,什么光辉形象,都去他的吧,我要让学生知道,老师是人,也不完美,也犯错误,但也会自责愧疚,也会知错就改。我还向我的学生敞开心扉,谈自己的理想、抱负……

数日之后,我又收到王某的来信,这时,少了一分好奇,多了一分期待。展信读来,我手上的这封信,给我带来的震撼比上封信更为强烈,我从未如此深切地感受到一个后进生,原来在应试教育机制下,竟然活得这么苦,这么难,心灵受到过这么多、这么重的伤害。

信中有这么几段:

小学时,我总是班里的倒数二三名。学习不好也就罢了,我还爱招惹别人,同学们有些讨厌我,老师也不喜欢我。有次在我又犯了毛病惹哭了一个同学时,老师叫来了我的父亲,当着我们面说,让家长带我到医院检查检查,可能大脑有问题。其实我那时并不傻,只是爱玩好动而已。

记得四年级时,我们的班主任是赵老师。开始对我还好。可后来,我的分数不见上涨,她一天比一天对我冷淡了,接着就是叫家长,几乎每周就叫一次我母亲。学校里的好多老师都认得我母亲了。为了不让我给班级拉分,不是要我母亲去开什么"智障"残疾证啊,就是要我考试时向学校请病休学。我父母在老师面前忍气吞声,在家就骂我"猪大肠"。

进入初中,我的"待遇"就更差了。我自己好动、爱招惹人的毛病仍没改掉,而学习成绩却变得更加落后了,老师明里暗里动员我转班,那情景我就是一个不受欢迎的人。其实我并不笨,只是厌学,课堂里死气沉沉的,从头灌输到尾,提问也只问前排学习好的,后排是被遗忘的角落,谁受得了啊。越要我循规蹈矩,我越不听,暗中就是想破坏这些规矩,而自己得到的则是更多的歧视和伤害。

进入高中,依成绩是跌跌爬爬地进来,一开始有新鲜感,也有发誓下功夫考出高分来引起大家注意和喜爱的愿望,可一下子考高分谈何容易啊,我还是班上的倒数,还受到了同学的讥讽。那次偷手表事件发生后,我想,假如我是一个成绩优异每次都能考高分的学生,同学、老师会说我偷手表了吗,会逼我承认偷了手表吗。我知道这一切不是我好动、爱招惹人的毛病导致,而是我不能考高分、成绩落后导致的啊。

我后来仿佛开窍了些,也是憋着一股气,我开始发愤学习,我懂得反思了,我的自尊觉醒了,我理解你给我的鞭策力和讥讽力,我更深切地从你身上认识到老师的伟大。老师,你的道歉和自责,你的坦荡和真实不会遮挡教师人性美的光辉,而这一切都是出于教师对学生的无私的挚爱。

看完了王某的这封来信,我没有想到"手表事件"的前前后后还隐藏着这么多复杂的心理,它给我带来的思考胜过多少次的学习或阅读。教育,教育! 它究竟教学生什么,育学生什么? 那么这些通信中所表达的是不是教育的问题? 如今细想起来,这种种问题、种种给学生带来苦难的根源是否可以归结于应试教育制度呢。正因为有人人排名,班班排次,只用分数一把尺子来衡量老师、衡量学生的教育机制,正因为"以分取人"的习惯势力,才制造出"手表事件",才制造出王某李某们内心的苦痛。我又由此思考,在应试教育机制弊端日益昭彰之际,我们班主任,我们语文教师,我们的教育工作者,除了期待多元化评价师生体制的到来,还应该积极主动做些什么呢?

2008-09-22

生命课堂

众所周知,课堂是学校教学常规课程设置的教育概念,它自有其内在的特征和规律,这本是每位老师应该明确并且特别关注的问题,然而事实上它被有意无意地忽视了,出现了令广大师生相当尴尬、厌倦的严重情况。

我是从教二三十年的语文老师,语文课堂的现状我比较清楚,对语文课堂我还是有点发言权的。实事求是讲,应试教育的指挥棒仍然"执着"地指挥着家长和学生,也指挥着我们的基础教育。"分数挂帅"的事实难以否认,素质教育还停留在表面和口头,检验教师能力水平唯"考分"二字,因此课堂教学基本成了训练学生应试的主要形式。填鸭子式传授各知识点,满堂灌各种语文题型和考点,题海战模式的训练,把语文课堂弄得"黑云压城"般的沉闷、灰暗,学生多是被动地接受重复地训练,课堂毫无生机和活力,昏昏欲睡。

我曾听过不少同行的常态课和公开课,直接间接地了解到一些同行的课堂教学实情。本属老师主导下学生为学习主体的课堂变成了老师的独角戏,整个文本被老师分析得支离破碎,七零八落,学生变成了观众或配角。如一位同行教学《荷塘月色》,竟把一篇优美鲜活的名篇上成了修辞课,什么博喻、通感,什么叠词叠字,再加上作者背景介绍和明线暗线的结构分析,本是引人入胜、美不胜收的经典妙文指导欣赏成了"踏踏实实"的知识讲座。

现代散文名篇教学尚且如此,何况外国文学作品、古代文言作品教学呢?这不是我们语文课堂应有的面貌,我们语文课堂本应该是生命课堂。

生命课堂的特点应该是充满生气、生动活泼、丰富多彩、积极健康的,应该是平等、民主、友爱、尊重的,应该是热烈坦诚、开放、宽松、富有生命气息的,这样的课堂谓之生命课堂。老师和学生在生命课堂里都大有作为。

第一,老师对学生是学长、是师友,是学生可敬更可亲的真纯朋友,教师在学生心目中是个博闻广识又风趣幽默,上课让你开不起小差,下课乐意跟你聊,能坦承不足,有错会说对不起的敬业爱生的人,是个血肉丰满、有情有义的人,而不是故作威严,绝对正确,高高在上,让人敬而远之的祭坛尊神、壁挂画像。

第二，学生在老师心目中，是朝气蓬勃、个性鲜明、充满幻想、满怀憧憬的可爱朋友，是个不谙世故、不会圆滑、有些冒失、常会犯错、顽皮搞笑的新伙伴，是个期待自主、需求尊重、讲求平等、敢于怀疑的青少年，是个值得信赖、乐于合作、敢于创新的学友。师生达到了生命共处共进、和谐融洽的健康境界，为生命课堂构建打下了坚实的基础。

第三，文本在师生心目中是有生命的，是鲜活的，是活在师生心灵上的。不管是什么时代、哪个国度、何种体裁的文本，它们的价值几乎是永恒的，它们是创造者生命世界的方式独特的一种反映。而它们的创造者多是富有灵感、拥有思想、血肉丰满、情性多姿多彩的人。如果我们能够知人论世，将欣赏者与创造者在生命的时空进行叠合，将会发现二者会有很多相似相通之处。

我们会发现他们和我们一样有矛盾、有苦恼、有痛苦、有无奈，崇高背后或许流着血泪，壮怀激越之下或许掩面叹息，精神贵族却要饱受饥寒，热爱自然又逃避社会，愤世嫉俗却深爱人生，他们似乎既复杂又简单，既豁达又幼稚，甚至有些方面还有点笨拙可笑。此后我们会发现，他们的文本即如期待已久的远方朋友的来信，读来亲切、自然，想来还有些不解疑惑，有些似是而非，还需找他们质疑询问，同他们讨论交流。

第四，教学过程在师生互动中完成。老师和学生都是文本的欣赏者，都是在一个平台上作生命的平等对话，而且这种生命的对话是坦诚、热烈而自由的，并且这种对话又是多维的开放的，既是欣赏者与创造者的对话，更是欣赏者之间的对话。师生欣赏不同的特点决定老师在互动、对话中必须兼任欣赏者和欣赏指导者多重角色，不管是运用情境渲染、情趣激发、生疑发问，还是辩驳是非、迁移模拟，教学过程总是丰富多彩、情绪热烈的，教学的每个环节都会洋溢着人文的、生命的浓浓气息。学生的知识、能力、情感、意识等就是在生命尊敬的过程中不断地生成。

母语教学，攸关民族中兴；学好母语，这是我们师生共同责任；但构建生命课堂，这是我们老师的必然选择和实践方向，矢志不移，坚持不懈。

2010-09-28

优化语文环境

　　语文环境是相对于语文课堂学习而言的学语文时空。深入的社会与自然的观察、思考,持久的生活劳动实践,特别是广泛的课外阅读都是语文学习的源头活水、涓涓细流,这些都是学生的语文环境。

　　语文环境对学生实现自我的终身学习,充实、提升、健全语文学习者人格具有极其重要的作用,某种程度上讲甚至超过了课堂教学的作用。可以说没有这个语文环境,学生的语文是不可能真正学好的。

　　语文这门兼具工具和人文两大本质属性的学科,与其他学科相比具有显著的特殊性、开放性和包容性,这就决定了语文学习对环境的要求极高。

　　或许有人会质疑,母语的学习还存环境问题吗? 答案是肯定的。有人把这个环境称之为学生语文学习的"第二课堂"。可是这种十分有价值的"第二课堂"却难以得到鼓励、指导和保障,反而被大量补课、作业侵占了,学生除了拥有为时不多的宝贵睡眠时间外,已失去了可以自主学习的语文活动环境。

　　一方面各考试科目都在评比考核的压力下,想方设法增加教学时间,布置大量题目抢占学生时间;另一方面语文学习目的也趋向功利,兴趣趋淡,对老师依赖度居高不下,学习语文的情感和功利发生心理错位,这是近期我们进行学生语文学习心理调查分析的结论。这是语文应试教育的必然后果,也是人们所始料不及的尴尬事实。

　　语文教学的返璞归真,坚持走语文教学正道,优化语文环境已刻不容缓。语文环境应是学生语文学习的更自由、更广阔的时空,它牵涉学校、自然、家庭、社会的众多方面。如何优化学生语文学习的环境需要各方面的高瞻远瞩和勇于作为。特别是语文老师必须具备卓远的历史眼光,明确树立语文环境意识,把课堂教学和课外学习紧密结合起来,重视语文环境的开发、利用和优化,发挥老师的鼓励、指导和促进作用,使语文学习的两个渠道相辅相成、相得益彰。

　　如何发挥语文老师优化语文环境的作用呢?

　　首先,老师要鼓励学生博览群书。选择一些世界名著或精或泛地阅读,教师可帮助学生成立读书之角,每人推荐或购买多部名著,学校图书馆(室)向学生积极开放,教师向学生借出自己的藏书。鼓励学生读书的方式多种多样,可办读书笔记(札记)小展览,读后感写作小评比,名著知识小竞猜,名著欣赏之一隅等。教师要指导学生的阅读,和学生一道交流心得畅谈体会,甚至可展示自己的阅读成果。

其次,老师要指导、帮助学生去观察、去体验、去思考,自然和社会有取之不竭的语文学习资源。山川草木、花鸟虫鱼、风霜雨雪、日月乾坤,自然目观乎外,心动乎内;又哪怕是露沉一叶,风吹一缕,霞余一道,鸟掠一瞬,都能引导学生去观察体验并进而有了内心的一点感悟。现实社会的真善美、假恶丑都能引导学生去思考、去辨别、去评判,从而使他们多一份责任关怀,多一点胸襟智慧。

再次,老师要鼓励学生积极参加劳动实践。文本的阅读欣赏与自然、社会的观察体验融通起来,课堂欣赏与课外博览结合起来,如再把语文学习与生活生产劳动实践结合起来,将使语文学习长足进步。生活生产处处有"语文",劳动实践时时用"语文",这是自不待言的。

最后,要使语文环境与时代紧密结合起来,赋予语文学习以强烈的时代感。语文学习必须与时俱进,紧跟时代的步伐,这是我们语文老师的重要职责和坚决行动。其行动的方式又是丰富多彩、多种多样的。老师引导学生关注时代主题,感受时代脉搏,参与时代话题。具体做法有收看新闻报道节目、开展时事辩论、开展找错别字活动等。

比如在各种出版物、印刷品、广告牌以及标语口号等上面找错别字,并改正。既可以促进正确掌握并运用母语文字,又可以培养学生爱护母语的责任感。

另外,可设计公共场所提示语、公益广告词;可根据节庆活动拟写宣传标语,撰写代表讲话,编写串联词;可创办专题小报,自采自写自编自发行。总之,学习环境的时代性让师生密切联系现实,更加激发师生的使命担当感。

老师在语文环境的优化上自然需要与学生打成一片,扮演不可或缺的角色,同时还需要学校、家长和社会形成共识、共同参与,唯此才能使语文环境的优化得到有力保障。

语文环境优化,虽任重道远,但我们责无旁贷。

2014-06-13

"三思"而读书

知识分子爱读书、必读书、常读书，天经地义，有道是"腹有诗书气自华"。

然而，现实未必跟从理想行走。诸多原因已使许多人疏离了读书，多欲的活法又劳心劳形，知识分子与读书化离，这是书籍的不幸，更是知识分子的不幸。

古人喜欢"三"字，我姑且附庸一下风雅，也来个"读书三思"。

一思"选"。古人说"书非借不能读"，我要说"书非选不能读"。社会的进步和出版业的发展让图书在当今社会早不是稀罕之物，一书难求在"知识大爆炸"的现代不啻为一个笑话，图书在超市、地摊论斤卖已经司空见惯。图书易购易得可以置书满架。现在人们读书大可不必去借、去抄、去换、去窃，但必"选"。道理如下：图书太多，人生苦短，"吾生也有涯，而知也无涯"，有限时间读好书，岂不要选？

菲尔丁说："不好的书也像不好的朋友一样，可能会把你戕害。"如今图书市场过滥，鱼龙混杂，伪书劣籍充斥着书市，甚至装帧精美的书籍中不乏胡言乱语、妖言惑语，涉世未深之人读下去恐怕有些危险，读书情势如此，岂不要选？

二思"静"。我们毕竟生活在俗世红尘，毕竟要为生存和责任奔波劳碌，毕竟要遭遇不同程度的名缰利锁，这是必然王国的铁律。

正因为此，我们要读书。读书将会让我们消除精神的贫困和疲劳，会让我们给灵魂以寄托和慰藉。既然我们是为生命而读书，那么我们必须"静"。

朱熹曾说："读书之法无他，惟是笃志虚心。"这里的"虚心"，我理解就是"静"。如果我们的内心没有排除喧嚣，没有荡涤污浊，而充塞了太多的杂物，拥堵了纷乱的杂念，怎么能读下去书？只有空山方能蕴藏森林万物，只有深谷才能涵养无限生机，我们读书人只有虚怀若谷、沉入宁静之境方能真正进入经典世界。正如听杜鹃啼血要放在宁静的村野，听蛙鸣当在宁静的夏夜，听海潮当远离喧嚣的城市。

三思"行"。读书是一个独特的"行"的过程。读书是学习、思考、交友、体验、创造的过程,这个过程绝对离不开"行"字。这个"行",可以分为内"行"和外"行"。内"行",就是思考,读书之时和读书之后的思考。苏东坡说"旧书不厌百回读,熟读深思子自知",就告诉我们读书要深入思考。我们不能想象读书而不思考会是什么结果。外"行",徐特立说"不动笔墨不读书";吴晗说"读书是学习,摘抄是整理,写作是创造";华盛顿说"读书而不能运用,则所读书等于废纸"。可见读书并不只是捧卷而读,而要动笔墨品评,要摘抄创作,还要实践运用。唯有如此,读书的意义、价值和作用才会突显。读书到了一定境界,更敬业,更乐业,做人更积极、乐观、豁达,生命更能得到提升。

汉代刘向说"书犹药也,善读之,可以医愚",我深知医愚的必要,定会三思而读书。

2015-01-14

语文化雨润无声

中学生德育是处在教育方针首位的,这与传统文化中的"修身"一脉相承。德育在不断创新发展的现代中国尤显关键,而语文教育教学在培养学生语文能力素养的同时,进行德育渗透,具有优越的条件和巨大的作用。

中学生正处于身心迅速发展变化的时期,他们的人生观、世界观、价值观正在形成。他们有追求、有梦想,但往往并不清晰方向和目标;他们具有强烈的求知欲和敏感的好奇心,但很容易受到各种似是而非的思想观念影响,因此,对中学生进行思想道德、品格意志等德育素养的教育具有迫切的现实意义和深远的历史意义。而语文学科得天独厚的优势在德育渗透上尤为自然生动,如春风化雨,润物无声。

1.大道无边,语文文本资源丰富

语文文本多是名家名篇,富含对学生进行德育渗透的感人内容,归纳起来大致有:

(1)爱国主义教育内容。

列宁说:"爱国主义就是千百年来巩固起来的对自己祖国的一种最深厚的感情"。只有知之深才能爱之切。语文文本中许多经典诗文,如《诗经》、《楚辞》、诸子百家散文、汉赋、唐诗、宋词、元曲、明清小说等都能让学生深切感受到我们祖国壮丽的河山、悠久的历史和灿烂的文化,增强了我们的民族自信心和自豪感,激发我们对祖国的热爱之情。

(2)传统美德教育内容。

孟子"富贵不能淫,贫贱不能移,威武不能屈"集中体现了中华民族的崇高气节;文天祥的"人生自古谁无死,留取丹心照汗青"显示出浩然正气;"少壮不努力,老大徒伤悲"激发人生追求,"问苍茫大地,谁主沉浮?"感召天下为己任的豪情壮志;《陈情表》"孝"字当先,感人至深;"虚位以待""程门立雪""三顾茅庐""孔融让梨"等彰显敬贤尊老、知书达礼的传统美德。

(3)思想品格情感态度内容。

《孔雀东南飞》《窦娥冤》《祝福》等课文中刘兰芝、窦娥、祥林嫂等一批古代女性形象的分析对比,深深激发学生对旧社会制度的认识思考。《游褒禅山记》"尽志无悔"和"深思慎取"的形象告诫,使学生在品格意志和思考抉择上经受洗礼。《论语》《礼记》《劝学》《师说》中关于学习、思考、情感、态度、方法及其思辨关系的内容丰富多彩,包孕深广,大德无痕。

2.大爱无疆,语文课堂活力无穷

包括课内外的语文课堂,总是离不开学生的朗诵、阅读、讨论和写作,这一切学习实践的过程都离不开内涵丰富的文本。可以说语文学科的思想品德教育正是通过一篇篇课文的学习、一堂堂听说读写的语文学习,教师通过揭示文章的思想内涵,把健康、积极、正确、纯真的思想感情渗透到学生心田,日积月累,潜移默化,学生的思想品质和美好情操才得以培养,人格才会完善,修养才能提高。

(1)培养学生真挚的仁爱情怀。

仁爱情怀具有永恒不变的核心价值。文本中爱祖国、爱人民、爱自然等仁爱思想内容特别丰富,培养方法如情境法、讨论法、交流法多种多样。教师在文本的阅读教学中利用感情迁移的心理规律,进行思想道德的感性熏染,深刻感受、领会、理解作品的思想感情或艺术形象,然后运用语言的艺术手段,进行恰到好处地启发、点拨、讲解,或者配以必要的表情语言、肢体语言、多媒体等,生动形象地把思想感情表达出来,把学生引入课文的情境,推进学生的情感体验,引起学生的强烈共鸣,使之受到身心触动,进而获得仁爱情感教育。

(2)培养科学的世界观和方法论。

语文教学不仅要传授语文知识,更要培养学生科学的世界观和方法论。教学《食物从何处来》,不仅要引导学生弄清作者说明什么,怎样说明,还应对学生进行唯物主义教育:通过画出食物链简图,使学生认识到物质不灭、能量守恒这个重要的规律。教学《拿来主义》,要让学生联系当今改革开放的实际,理解什么是"拿来"和"怎样拿来"以及"拿来"的重要性,为何要"运用脑髓、放出眼光、自己来拿",从而教育学生,中国只有改革开放,才能强国富民,才能实现中华民族的伟大复兴,否则就会永远落后挨打。这样就会使学生深入理解并掌握"拿来"说,更深刻地理解对外开放政策的正确性。

(3)培养崇敬英雄的高尚情操。

语文教材很多作品中的人物或作者本人所表现出来的崇高品格、英雄行为对青少年学生都是很好的激励。经典文本中如蔺相如视死如归、大智大勇,廉颇国家为重、负荆请罪的英雄形象,荆轲怒发冲冠、慷慨赴难的英雄形象,曹操、周瑜、辛弃疾、岳飞、陆游等无数作品人物和作者本人的英雄形象,无一不赢得学生由衷的崇敬。又如外国文本《世间最美的坟》,教师通过点拨,让学生明白托尔斯泰墓并不美,美就美在墓中人的崇高道德和人格美。一生对人类贡献卓著,死后对自己的归宿却平淡得"逼人的朴素",这种英雄的高风亮节,越发激起全人类对他永久的崇敬与爱戴,这是最伟大的美。

3.大德无痕,语文教师德育使者

语文教师的成长环境和成长过程是有些特殊的。语文教师本人就是在古今中外德育内涵丰富无边的各类文本的阅读、学习中一路走来,浸染了屈子"路漫漫其修远兮,吾将上下而求索"、李白"安能摧眉折腰事权贵,使我不得开心颜"、杜甫"安得广厦千万间,大庇天下寒士俱欢颜"的情怀品行,间接深入体验人间世悲喜剧,正野史籍精彩演义,应当形成卓远的历史眼光和深切的入世担当。心有境界行则正,腹有诗书气自华,语文教师当仁不让地成为德育天使。

(1)语文教师为人师表、言传身教。

教师的为人师表、言传身教具有无可超越、无可替代的巨大德育作用。任何知识的传授、解答都没有教师人格魅力对学生影响大,而语文教师课堂内外、八小时内外的一言一行更无例外地深深影响着学生,包括小节上的表现都攸关教师在学生心目中的形象。相对而言,语文教师因为生命意识的体悟深,立身安命的自励自勉的要求高,人格完善内外兼修羞恶之心的意念强,注定语文教师为人师表、言传身教的德育贡献将会更大,这是有大量事实可为明证的。

(2)语文教师课程要求师生互动多。

语文课程既讲求师生的课内互动,又特别要求师生的课外互动,对学生发挥影响的客观形势决定了语文教师的德育影响力超过一般。语文课程相对课时多,还有早读、自习,在课堂师生共同学习、共同交流、共同体验,在思想、情感等人文色彩浓厚的时空里切磋琢磨,教师品德修养、嘉言懿行让学生如坐春风。课外的作业批改,作业作文的面批,阅读的方法指导都是师生的情智交流,都是语文德育的潜移默化。

特别是语文第二课堂,语文教师热心鼓励学生博览群书和热爱写作表达,这是语文教师的大有可为之事业。语文教师义不容辞地帮助学生选择一些世界名著或精读或泛读,帮助学生成立读书角,指导学生办读书笔记(札记)小展览、名著知识小竞猜、名著欣赏之一隅等。

写作实践上,教师要指导学生观察、体验、思考,引导学生认识自然和社会有取之不竭的语文学习资源。山川草木、花鸟虫鱼、风霜雨雪、日月乾坤,目观乎外,心动乎内;又哪怕是露沉一叶,风吹一缕,霞余一道,鸟掠一瞬,都能引导学生去观察体验并进而有了内心的一点感悟。现实社会的真善美、假恶丑都能引导学生去思考、去辨别、去评判,从而不仅使他们的文字多了生动感人的内容,言之有物,而且使他们多一份责任关怀,多一点胸襟智慧。

(3)语文面向未来肩负民族复兴担当。

语文继往开来、与时俱进,作为教育最入世入心的重要组成部分,它面向未来肩负民族复兴担当。它绝非普通一个学科,关乎民族的盛衰存亡,如果我们把它仅仅看作普通得不受待见,重视度远逊于数理化英,那是大错特错的,也是非常危险的。任何弱化语文学科和语文教学的思想认识或行为都是不应有的,都是与时代要求背道而驰的。这一点,每一个教育工作者特别是语文教师必须有清醒认识。

因此语文学科必须遵循客观规律。深入研究探索,如何从政策、制度上保障它神圣不可动摇的地位,采取最为科学有效的方式,以强大的需要强化语文学科,创造理想的语文学习环境,推进语文教学全面发展,这是我们立即要求解决的问题。

负有使命的语文教师紧跟时代步伐,自觉全面提升教师素养,主动接受命运选择之重,这是我们语文老师的重要职责和坚决行动。其行动方式当然既要有世界眼光,善于"拿来",又要因势利导、推陈出新;既要守正抱玉,继承优良传统,又要积极引导学生关注时代主题,感受时代脉搏,投身时代实践。既然选择了语文,我们就成为德育使者,无论是个人还是时代,这就是我们的大德,无相无痕。

　　总之,语文既是语文,又是德育;语文教师既是语文教师,又是德育使者;正如我们享有这个世界,又要创造这个世界,因为我们选择了语文,我们就选择与道与爱与德同行。

2015-03-31

千秋语文梦

做语文教师，必当有语文梦。

我虽不能说自己是个优秀语文教师，但敢说，我一直在向优秀语文教师学习，心怀敬意，"虽不能至，心向往之"。虽说我的语文教学存在思考不深、敬业不足、投入不够的"三不问题"，但不能阻遏魂牵梦绕我的语文梦。

我的语文梦和这个时代是紧密连在一起的，这是一个梦想和现实较真较劲的时代，一个现实刺激敏感神经、忧患引发内心不安、实际触动灵魂清醒的时代，一个伟大梦想和重要实现条件迫切需要创造的时代。

我的语文梦是从历史走来，又面向我们民族的未来，故称之为"千秋语文梦"。

它主要体现在这几个方面。

一是母语的地位在每一个中国人心中最尊贵。

语言是文化的基础、文明的载体、民族的象征，是"软国力"的核心、"硬国力"的一个重要方面。我当然希望更多外国友人在孔子学院或来中国学习汉语，当然希望有更多大国能够像中国开设英语那样地开设汉语，当然希望汉语能够成为大小国际会议的工作语言和生活语言，但我最希望的是汉语作为母语在每一个国人心中最尊贵。平时我们往往很难体验母语的尊贵，正如我们往往忽略阳光、空气和脚下的土地。在异国他乡，汉字、乡音，会使你得到莫大的慰藉，联大及重大国际会议上，外交政治舞台上，世界倾听中国的声音让汉语尽显尊贵，而身在祖国，日常工作生活学习，却很难自觉认识到母语的尊贵，缺乏对母语的理性认知和感情体验。这些缺憾自然导致母语在整个社会学习和运用上的退缩和减弱。

二是语文教育及改革中母语基础地位根深蒂固。

只要是真纯关心语文（主要是母语），面对教育教学现状，每个人就会深入思考语文的问题究竟何处，症结是什么，解决问题的关键在哪里。有专家说，表意文字的落后；有学者说，较长时期里汉文化的逆向走势；也有大家说，西方文明的政治、经济、军事、科技等强势地位的冲击。这些或许有其似是而非的道理，但其狭隘片面、天真肤浅、拾人牙慧处显而易见。

　　真正让我感到欣慰的是，我有幸看到或听到许许多多实践者、忧患者清醒而又不乏理性的论述，不懈而又略带悲壮的实践尝试。特别是改革开放以来，各种有关教育，尤其是母语教育的种种学说和模式，都试图解决这个难题，然而直到今天，问题已然盘根错节，忧思萦绕心头。前贤教育实验，虽有成果，终归失败，缘由时政多舛；而今全国上下致力民族复兴，没有不希望中国梦成真的，因而真为解决问题而来的语文教育教学改革，母语基础地位将会根深蒂固，她只会加强，而不会削弱。

　　很希望国家在不同宣传层面、尊重母语基础地位，自觉抵制崇洋媚外的干扰，真正能够做到真语文。这里的真语文核心就是每一个学生自觉而纯粹的热爱母语、学习母语并运用母语，和语文教师一起不断培养自己学力和创造力。

　　三是语文价值深深陶冶每一个中国人。

　　我的语文梦不仅在于我们的教师和学生，也不仅在于教育的管理者和研究者，更希望在于最普通的中国百姓。我希望每一位中国人对语文的认知像对职位、金钱和家庭那样实在、具体和自然。我希望每一个中国人身上都有语文的光亮色彩，更有语文融入身心的血肉情怀。我们交流的语言丰富多彩、文雅得体、准确流畅。我们在精神上，既有《诗经》、《楚辞》、唐诗、宋词的民族文化自豪和家园诗意远方，又有"位卑未敢忘忧国""天下兴亡，匹夫有责""先天下之忧而忧，后天下之乐而乐"的爱国襟怀；既有"长风破浪会有时，直挂云帆济沧海""沉舟侧畔千帆过，病树前头万木春"的逸兴豪情；又有《水浒》《三国演义》《西游记》和《红楼梦》的中国记忆和经验智慧；既有《狱中题壁》《革命军》《呐喊》《林家铺子》《子夜》的兴亡呈现，又有《灵与肉》《随想录》《今夜有暴风雪》的"文革"反思。我们像一切世界优秀民族那样，爱阅读经典，爱民族语言，从而更加有思考，有理性，有创造。

　　千秋语文梦是目标，是方向，更是语文人、教育人、是全体同胞共同的追求和努力，为此千秋万代，民族不老，精神不衰，家园常在。

2015-10-27

我的课前演讲

　　较长时期里以测试为中心的教学模式冲击排挤着语文学习听、说、读、写四个基本形式。听、说两个方面,几乎成了一片荒芜惨淡的空白。听的教学唯有简单的小学层次的词语听写,根本没有借鉴英语听力测试中的听的方式。说的教学也基本止于课堂的发言讨论。读、写地位虽高,但实际上名不副实。不解决这些问题,现在的语文教学就是病态的。

　　演讲锻炼的主要是口语交际能力,也锻炼思维反应能力,它需要知识积累、阅历见识、观察思考和语言组织的支撑。中学语文课本中信手拈来的事例,无不证实口语交际的巨大作用。诸葛亮舌战群儒,结联合抗魏的坚盟;触龙妙言打动赵太后,舍爱子为质纾国难;烛之武三言两语退秦师,保郑国转危为安;蔺相如一言一语尽显智勇,完璧归赵不辱使命。古人云"一人之辩,重于九鼎之宝;三寸之舌,强于百万之师"。对口语交际的认知,古今中外的理论建树和实践运用已经体现得淋漓尽致,口语交际的积淀和蕴涵已是丰富多彩。当今信息化时代,文化的传承与创新、文明的碰撞与融通、社会的嬗变和重构,文化、理念的差异,阶层、利益的转化,压力、偏见的滋生,使口语交际成为一种强烈现实要求,面向社会和未来的中学生无论生存还是发展,都应该具备这种能力。

　　应该是20世纪80年代末,我就开始尝试在语文课堂上由学生作短时演讲。开始并没有确定为课前三分钟,常有课前、课后两个时段,时间多少有些随意。学生多有些羞羞答答,上不了讲台,演讲者也是由报名、点名的形式来确定。演讲的内容多是学生自行安排,可以自己撰写演讲稿,也可以选用他人的文章;演讲时可以脱稿,也可以带上演讲稿备忘;演讲位置可以在讲台上,也可以在座位中间走动。虽然我水平有限,指导无方,演讲活动比较粗放,但一段时间下来,许多同学都表现出来对演讲的浓厚兴趣和充分认可。据我了解,许多同学都觉得演讲使自己爱看书了,爱思考问题了,胆量变大了,心理素质也提升了,人也变得自信多了,真的有了许多好的变化。

　　这好的变化让我对演讲有了新认识、新思考、新学习,也促进了我坚持着这种方式,并将它确定为课前三分钟演讲。

我的课前三分钟演讲具备以下五个基本环节:

一是演讲的选题。学生演讲选题内容可以广泛.主旨当然要体现出民主、自由、公正、平等、诚信、友爱等核心价值观,也要表现出学生对历史传统和现实人生的独立思考。

二是演讲的准备。"台上十分钟,台下十年功。"演讲要做出认真细致的准备。我要求同学们围绕选题,搜集、阅读相关材料,深入思考后,生成演讲中心、思路、语言、风格和情感等,努力撰写出精彩的演讲稿,理解并背熟演讲内容,选择一定的场合,邀请或虚拟一定的对象,做适当的演练。

三是演讲的实施。演讲由课代表主持。课代表稳定课堂秩序,介绍演讲者与演讲题目,动员同学予以掌声鼓励。演讲同学必须以饱满的情感、响亮的声音,做感动四座的口头表达,并辅以自然而然的肢体语言,完成演讲任务,实现演讲目标。

四是演讲的点评。我在学生演讲结束时,总要找出该生演讲闪光点,正面表扬为主,同时借题发挥,自然转入教学,"言归正传"。

五是演讲的小结。每位同学演讲之后,或当天,或数日,必须做演讲的自我评价,从演讲的过程、表现、得失、原因等方面给自己一个满意度的总评,目的是今后的完善、提高。

实践证明我的课前演讲是个好方式。几年下来,我这一届学生语言表达素养较高,作文和考试也表现不俗。值得一提的是,他们还将自己的演讲稿编选成集,叫《最演讲》。

2016-01-27

"四度"语文

语文教育迫切需要一支经验和蕴涵丰富、爱心和文心深厚、奉献与包容优秀的语文教师团队,让他们成为值得信赖和依靠的教育中坚和坚守道义、关怀的人文标杆。

教育兴国中语文教师必须积极担纲,服膺使命。既仰望星空,又脚踏实地;既敬业守正,乐业创新,又主动顺应时代发展潮流、勇立潮头。学校正在追求有高度、有厚度、有力度、有温度的优良教育,据此梳理一下我的语文教育、语文教师的实践和思考,且称之为"四度"语文。

1.有高度

语文教育必须有高度,语文老师对语文教育的认识必须有高度。这个高度主要体现在语文教师在指导学生逐步习得、熟练掌握语言文字这个工具的同时,修学生正德身、育学生真人格、铸学生民族魂。

优秀的语文教师是民族优秀文化的薪火相传者,是"铁肩担道义,妙手著文章"的布道洗礼者,同时也是一个具有学问品格、情怀高尚、危言危行的大道行者。也许许多语文老师尚未优秀,但必须人人追求优秀。我们都应该有清醒的忧患意识,因而我们必须更加敬业,特别努力。跟其他学科相比,语文学科具有弘扬民族文化无可替代的特殊性,从担任语文教师那天开始,我们就肩负起历史重任。教书让学生掌握母语工具,育人使学生拥有家国情怀。舍我其谁呢?

2.有厚度

如果把其他学科比作大陆和岛屿,那么语文学科就是海洋和天空;其他学科基本是物质世界的,而语文学科则既是物质世界,又是精神世界的。没有哪一门学科有语文学科的厚度,不仅语言文字是其他一切学科的主要载体,是思维实验、探索发现的主要载体,更因为语文学科包容了政治、经济、军事、哲学、科技、历史、文化、地理、文学、艺术等,融通百家,包罗万象。

古语云"读万卷书,行万里路",这就是语文厚度的一种体现。语文学科听、说、读、写四大项里,都有学科厚度的客观要求,无论是知识与能力、方法与过程、情感与价值观三维目标的实现,还是《语文课程标准》的必然要求和高考命题的价值导向,都突出显示了语文学科的厚度。

优秀的语文教师既是专家,又是杂家,是一个很有厚度的人。他们都熟悉"大学之道"中"修身齐家治国平天下",都铭记《周易》"天行健,君子以自强不息;地势坤,君子以厚德载物",都熟读过诸子,把老子"上善若水"、孔子"己所不欲,勿施于人"、庄子"朴素而天下莫能与之争美"、孟子"富贵不能淫,贫贱不能移,威武不能屈"、孙子"上兵伐谋""知己知彼,百战不殆"、墨子"兼相爱,交相利"等精气神化入自己的灵魂和血液。他们遍读天下经典,岂限小说诗歌。而长期阅读存世名著,加以阅历思考、实践积累、潜滋暗长,语文教师的厚度与日俱增,语文教师的精神变得坚强。他们会在浮躁与喧嚣中保持自己的沉静与恬淡,他们在物质面前容易满足,他们在得与失、生与死面前举止安适而自然,他们在众多的浅薄中坚持自我的厚重。

3.有力度

再好的顶层设计都必须落地生根才能产生巨大力量。语文教师必须很好地将对事业的忠贞和科学的理念变成坚实的行动,踏石留印,抓铁有痕。有高度、有厚度的语文教师注定是有力度的,这力度表现在我们工作和学习的每个细节上,表现在我们对崇高即语文教师自我发展的力度信念和先进理念的执行力上。给学生母语至亲的热爱,自己投入悉心不懈的耕耘,这是语文教师教育实践的力度;给学生正气浩然的引路,自己致力初心不变的修养,这是语文教师言传身教的力度;给学生清新如许的甘泉,自己汇入源源不断的活水,这是语文教师自我发展的力度。

语文教师要热爱自己的课堂,懂得高效课堂的打造源于自己的教育智慧和倾心投入,懂得以活动促学习锻炼,以活动激兴趣爱好,以活动带巩固提高的活动教育是师生乐此不疲的语文教育方式,懂得教师主导中学生主体发挥出来后的源源不尽的动力,这是语文老师教育贡献的力度。

4.有温度

语文学科是最有温度的学科,她不仅奠基了学生的学业和深造,更给予学生深入灵魂的终极关怀。她特别能够陶冶情操,修养身心;她特别能够让学生感受无尽的大爱。这无尽的大爱来自端正沉稳的汉字所跳跃出来的深厚的情感和哲思,所再现和创造出来的文学、历史、自然、社会、艺术的奇妙世界。让学生在品味语言、欣赏名作的过程中获得一些想象不到的惊喜和对生活的独特发现。给予学生不同于一般的生活体验和认识,给予学生修炼而成的较强的语言体悟能力、灵活的文字表达能力、很高的欣赏能力。如果语文不能让学生感受她的温度,那么语文就是失败的,我们语文教师也是失败的。

长期中外优秀文化浸染出来的语文教师都能有一颗博爱的心,都心存挥之不去的悲悯情怀,面对沉重课业负担挤压下的学生,我们语文老师淡的是功利,多的是理解。我们语文教师最善于观察和发现,常常能够见微知著,教育学生能够触动学生心灵,温暖学生心田。

作文语文教师,我们必须认识并体现语文的高度、厚度、力度和温度,必须认识和接受她的综合性、长期性和复杂性,这使得语文教学比其他学科更灵活、更多彩,同时更有难度、更富有挑战性。在困难和挑战面前,我们要更加敬畏和热爱语文,尊重语文规律,静心致力、不懈发展我们的"四度"语文。

2016-06-24

后　记

斗转星移，春风秋雨，云水之间，岁月飞度。前尘甫定，昨梦依稀，埋头耕读春苑，举目秋霜鬓染，可草盛豆稀，秋成寥落。

然不敢用"顺其自然"来掩饰曾经的懒惰，如果不坚持努力，何来教学相长；不敢把"为人师表"当作天赋的荣誉，如果不修为，何来"学高为师，身正为范"；不敢忘"匹夫有责"，如果没有一点家国情怀，难以持久守正敬事；更不敢忘"三省吾身"，自我解剖，老而弥笃。人不知而不愠，己不欲不施人，静思己过，行求真善。

故抗争惰性，求学思进，不甘为人平庸，岂肯性灵随众；故一路走读，留心身边事，偶有所得，也算积微成著。得高朋鼓励鞭策，窃以为这也可作为我人生没有完全虚度的一个证据，于是有了这本集子。

好读成癖，夜读良辰。春秋中，读自然，读历史，读人生。自我在时空无限的生命地带探索前行，心灵在浩瀚无际的内外太空自由穿行，故集名曰《夜读春秋》。

行将付梓，有似丑妇终须见公婆，诚惶诚恐之际，更多的是感怀之心。父母亲人、恩师尊长、同窗同仁、弟子好友，给予我太多珍贵情谊，实感幸盛！

北京师范大学芜湖附属学校，春秋几度，已崛起于江南。广大同仁在高端平台上致力于真爱教育，不断奉献。我置身其境，倍受熏染激励，多有努力进步，心怀感激。王真、陈累两位年轻同仁，将几万字的手写旧稿、泛黄的陈年旧报，不辞辛苦，帮我打印整理出来；语文同仁寇金良、姜月明、柯烈珍等至诚帮助、指导关照，谨此特表谢意。

本人才疏学浅，修养不足，因此拙作内容和语言上一定有许多错谬之处，恳请读者批评指导，你的阅读和雅正将是我最大的荣幸。

庄传云

二〇一九年一月

于芜湖

内容简介

　　本书是作者三十多年夜读及教学之余所写的教育教学心得。其内容共分三辑：第一辑"行旅杂感"，既是作者人生旅途亲身经历的诗意记录，又是日常课堂教学的真情延伸；第二辑"夜读深航"，从独特的视角对中学语文课本经典作家作品等进行解读；第三辑"母语情丝"，则是一位教育者对语文课堂教学进行的思考总结。

责任编辑：房国贵

装帧设计：张　玲

安徽师大出版社微信平台　　　安徽师大出版社图书专营店

夜读春秋

每次在沉重的页面文字中朦胧地与你相逢，你总是在方块字的笔画繁散中幻化成形，却又倏忽地把神秘、兴奋、惆怅、遗憾统统留给了我，我收拾行囊，去寻踪探索，期待蒙受来自你遥远时空的心灵启迪。

如果我真能够在精神的天空与你相遇，我最想请问你的是，楚国一时被灭，可楚歌不灭；国土一时沦丧，可百姓还在，真的就该如此绝望，如此轻生吗？你只该坚持你的「路曼曼其修远兮，吾将上下而求索」吗？

ISBN 978-7-5676-4070-2

9 787567 640702 >

定价：49.00元